U0952536

基金项目

沈阳师范大学博士、引进人才科研项目启动基金

（BS202203）

经济学学术前沿书系
ACADEMIC FRONTIER
ECONOMICS BOOK SERIES

“一带一路”国际合作、国家文化特征与外债风险研究

王璐◎著

经济日报出版社

图书在版编目（CIP）数据

“一带一路”国际合作、国家文化特征与外债风险研究／王璐著．--北京：经济日报出版社，2022.8

ISBN 978－7－5196－1139－2

Ⅰ．①一…　Ⅱ．①王…　Ⅲ．①区域经济合作－国际合作－影响－外债管理－风险管理－研究－世界　Ⅳ．①F811.5

中国版本图书馆 CIP 数据核字（2022）第 136580 号

“一带一路”国际合作、国家文化特征与外债风险研究

作　　者	王　璐
责任编辑	王　含
责任校对	王明明
出版发行	经济日报出版社
地　　址	北京市西城区白纸坊东街 2 号 A 座综合楼 710（邮政编码：100054）
电　　话	010－63567684（总编室）
	010－63584556（财经编辑部）
	010－63567687（企业与企业家史编辑部）
	010－63567683（经济与管理学术编辑部）
	010－63538621　63567692（发行部）
网　　址	www.edpbook.com.cn
E－mail	edpbook@126.com
经　　销	全国新华书店
印　　刷	北京虎彩文化传播有限公司
开　　本	710 毫米×1000 毫米　1/16
印　　张	13.00
字　　数	200 千字
版　　次	2022 年 8 月第 1 版
印　　次	2022 年 8 月第 1 次印刷
书　　号	ISBN 978－7－5196－1139－2
定　　价	58.00 元

版权所有　盗版必究　印装有误　负责调换

前　言

随着全球债务风险的不断积聚，国家债务的相关研究受到了学术界和实务界关注。同时，国家文化特征作为一种非正式制度，对国家外债风险的影响逐步凸显，引发国际社会的重视。那么，在推进"一带一路"建设过程中，沿线国家文化特征如何影响国家外债风险？"一带一路"沿线国家国际合作度又会如何调节文化对国家外债风险的影响？首先，本专著基于区域经济一体化理论和资源配置理论，以驳斥"债务陷阱论"为切入点，应用双重差分模型（DID），探究"一带一路"国际合作对国家外债风险的影响以评估政策影响效果，并深入分析国际合作度对国家外债风险的影响以及其可能作用机制。其次，本专著分别从社会价值观、宗教文化特征和语言多样性3个方面衡量文化特征，使用最小二乘法（OLS）和倾向得分匹配（PSM）模型，分析"一带一路"沿线国家文化特征对其国家外债风险的影响，并深入探究其潜在影响机制和途径，对现有国家外债风险的相关研究从非正式制度角度提供了实证分析和补充。最后，本专著对上述研究做了归纳，由于较高的国际合作度体现了一个国家更加包容、开放，交流合作意愿更高，对国家文化差异产生的影响起到调节作用，因此进一步分析国际合作度对"一带一路"沿线国家文化特征与其外债风险关系的调节作用。研究成果主要包括以下几个方面：

（1）将共建"一带一路"看作"准自然实验"，使用双重差分模型研究发现：共建"一带一路"倡议提出后，参与"一带一路"国际合作的国家外债风险有所降低。同时，"一带一路"国际合作度越高的国家，其国家外债风险越低。从作用机制来看，“一带一路”国际合作可以通过促进沿线国家经济发展进而降低其外债风险。沿线国家的金融发展和金融结构会影响国际合作度对国家外债风险的防范作用：金融发展水平越高，国际合作度对国家外债风险的防范作用越强；金融结构越倾向市场主导型金融结构，国际合作度对国家外债风险的防范作用越强。本专著通过理论分析结合实证证据，驳斥了“一带一路债务陷阱论”的错误观点，为国际社会正确认识“一带一路”国际合作提供了宝贵的经验证据。同时，基于国家外债风险视角，倡导“一带一路”沿线国家加强国际合作，关注金融发展，优化金融结构。

（2）“一带一路”沿线国家文化特征影响国家外债风险。本专著具体从社会价值观、宗教文化特征和语言多样性 3 个方面衡量文化特征，分别使用最小二乘法和倾向得分匹配模型研究发现：首先，社会价值观影响“一带一路”沿线国家外债风险，其中不确定性规避价值观缓解了沿线国家的外债风险，而个人主义和短期导向价值观增加了沿线国家的外债风险；其次，宗教文化特征影响国家外债风险，其中宗教和谐度越高，国家外债风险越小，较高的宗教多样性和宗教制衡度则导致了国家内部宗教冲突，从而增加了国家外债风险；最后，语言多样性影响国家外债风险，实证研究依据语言谱系分类法 1 ~ 6 级计算出的“一带一路”沿线国家的语言多样性水平有明显差异，语言多样性造成沟通交流不畅和价值观差异，引发国家内部冲突，最终增加了国家外债风险。本专著提出，在对“一带一路”沿线国家外债风险的分析和评估中，需要关注包括社会价值观、宗教文化特征和语言多样性等国家文化特征的建议，为现有针对国家外债风险的研究从非正式制度中的文化角度提供了实证分析和补充。

（3）国际合作可以调节“一带一路”沿线国家文化特征对其国家外债风险的影响效果。研究发现，由于国际合作既促进了国家之间的跨文化交流也是国家包容和开放的体现，因此，国际合作度缓解了不同文化特征对国家外债风险的影响作用。具体而言，首先，国际合作度缓解了价值观对国家外债风险的影响：国际合作度高时，个人主义和短期导向价值观对国家外债风险的负面影响均有所缓解，不确定性规避对国家外债风险的正向影响也被缓解，即国际合作在促进不同价值观沟通交流的同时，缓解了各个价值观维度对国家外债风险的影响。此外，研究发现，国际合作度高时，宗教多样性对国家债务风险的负面影响也被缓解，同时，宗教和谐度对国家外债风险的积极影响也被缓解。最后，研究发现，国际合作度高时，语言多样化对国家外债风险的不利影响也受到了一定程度的缓解。本专著关注的国际合作属于一国的正式制度，而国家文化特征是非正式制度，深入分析国际合作度对国家文化特征与其外债风险关系的调节作用，研究正式制度和非正式制度对“一带一路”沿线国家外债风险的交互影响，拓宽了国家外债风险的研究广度。

目 录
CONTENTS

第一章　绪论

第一节　研究背景与意义

一、研究背景

第一，全球债务风险持续集聚。

2008 年，美国次贷危机引发了全球金融危机，导致了自第二次世界大战之后最严重和漫长的全球经济衰退，而次贷危机后的 10 年里，全球并没有发生大规模去杠杆和债务下降，与之相反的是债务持续增加。根据国家金融研究所（Institute of International Finance，IIF）的数据，截至 2018 年，全球债务总额高达 243 万亿美元，其中增幅最大的是公共债务，规模已高达 70 万亿美元，其次是非金融企业债务，规模超过 70 万亿美元，如果按地球上 77 亿人口计算，平均每个人债务达到 3.15 万美元[①]。IIF 的这个算法或许并不够严谨，但是可以看出全球债务风险的集聚，并成为世界经济不稳定的主要风险之一。在"一带一路"国际合作过程中，国家外债风险作为一个重要方面同样值得关注，"一带一路"沿线国家加强互联互通的同时也加深了国家债务风险的联系。

第二，"一带一路"沿线国家的外债风险。

近年来，我国经济保持中高速增长，已经实现由发展中国家向新兴经济体和全球经济增长的主要力量的双重身份转变。面对后金融危机时代世界经济的衰退和经济格局大调整，2013 年 9 月和 10 月，中国国家主席习近平在出访中亚和东南亚国家期间，先后提出共建"丝绸之路经济带"和"21 世纪海上丝绸之路"（简称"一带一路"，B&R）的伟大倡议，将中国

① 数据来源：https：//www.iif.com/.

的产能优势、技术和资金优势、经验优势转化为市场和合作优势，通过构建“一带一路”区域合作，进而分享给沿线国家，着力推动沿线国家之间实现沟通与合作，建立平等均衡的新型发展伙伴关系，促进世界经济稳定发展。倡议为应对全球经济发展问题提供了“中国方案”，得到国际社会高度关注。“一带一路”倡议提出要构建包括以“资金融通”为主要内容的“五通”建设，为全球发展提供金融支撑。

“一带一路”倡议想要解决的是自 1945 年以来的全球核心问题——占世界人口 85% 的发展中国家的转型问题。沿线 65 个国家大多数为发展中国家，由表 1.1 可以看出，国家 GDP 总额的平均值约为 24.5 万亿美元，经济规模仍处于世界平均水平以下，同时通货膨胀率和失业率较高。周伟等（2017）指出，“一带一路”沿线部分国家经济金融风险频发，国家经济状态不佳，通货膨胀严重，外债负债率高，不良贷款率高，国际收支赤字较大，外汇储备水平较低，金融体系脆弱。例如，2017 年土耳其的失业率为 13%，截至 12 月底，国家央行的外汇储备下降至 825.57 亿美元，外债却达到 4532.07 亿美元；与此同时，南非失业率高达 26.7%，外汇储备仅为 427.35 亿美元，外债达到 1733.19 亿美元[①]。在响应“一带一路”倡议的过程中，沿线各国在加强互联互通的同时也加深了各国之间的金融联系。

表 1.1 “一带一路”沿线国家与世界其他国家经济指标对比情况

指 标	“一带一路”沿线国家	非“一带一路”沿线国家	世 界
GDP	24.5 万亿美元	37.7 万亿美元	33.3 万亿美元
GDP 增长率	3.076%	3.075%	3.075%
通货膨胀率	5.258%	4.990%	5.080%
失业率	5.702%	4.464%	4.879%

数据来源：2008～2017 年世界银行统计的各国数据。

“一带一路”倡议以促进共同发展、实现共同繁荣的合作共赢为目标，

① https://zh.tradingeconomics.com.

充分依靠沿线国家的双多边合作机制，搭建更大范围、更高水平、更深层次的区域合作平台，为沿线国家提供其亟须的基础设施融资。然而，自金融危机后，世界债务风险不断聚集，部分“一带一路”沿线国家由于历史原因，国家债务负担重、债务风险高，例如近年来蒙古、巴基斯坦、斯里兰卡和黎巴嫩等国都相继出现债务违约问题，引发了国际社会关注。国家外债风险已经成为“一带一路”建设中面临的重要挑战之一。在第二届“一带一路”高峰论坛期间，中国财政部发布了《“一带一路”债务可持续性分析框架》，表明中国政府已意识到“一带一路”沿线国家潜在的债务风险，需要在接下来推进“一带一路”国际合作的高质量发展时加以重视。因此，对“一带一路”沿线国家的债务风险的研究具有一定理论和实践意义。

第三，文化特征对国家外债风险产生影响。

世界各国现行的债务管理模式大多采用法律规制、行政控制、市场约束等手段，通过一系列正式制度来约束，但是风险的不确定性时常导致正式制度失灵。新制度主义将价值观、习俗、潜规则等一系列因素纳入制度的框架，将制度分为正式制度和非正式制度。正式制度指的是官方规定的正式约束和实施机制，包括法律、政治、章程、规则等约束人们行为关系的一系列契约安排。非正式制度是人们在长期的社会活动中逐步形成的习俗、惯例、文化等对人们行为产生非正式约束的共享的规则。现有研究对非正式制度中文化特征关注的重要原因之一，是文化包括价值观、宗教文化、语言文化等因素，体现了人们内在的价值信念、伦理规范、道德观念、风俗习惯、意识形态等方面，可以代代相传，具有持久的生命力。

价值观作为非正式制度中文化的重要组成部分，是社会中通用做法和规范的基础，是判断是非对错的根据。价值观决定了一个人的行为和对世界的看法，所有社会在调节人类活动时都会遇到一些相似的基本问题，如何处理这些问题，体现了不同的社会价值观。因此，衡量文化的核心维度源于这些问题，可以通过衡量这些维度来描述不同社会文化。

宗教文化作为非正式制度中文化的一种，体现了价值观念、伦理规范、思想信念和风俗习惯特征。那么，当国家内部多种宗教共存时，信仰碰撞会带来什么经济后果？宗教多样性是否会引发债务风险？一方面，不同宗教的文化、风险偏好存在显著差异，会导致沟通不顺畅、信息不对称程度高、交易成本高；另一方面，不同宗教的信仰和价值观不同，容易引发分歧和争端的产生，这种分歧不仅会导致经济决策失误，更有甚者，会引发暴力冲突和内战，而这些最终会引发深层次的经济问题，导致国家外债风险升高。

语言作为非正式制度中文化的一种表征符号，承载着习俗、认知和预期系统等特征，是决定国家社会及个体的价值观念和偏好的关键因素之一。语言不仅是沟通交流的工具，更是不同文化、观念和偏好的载体。随着种族人群分离和文化差异而逐渐形成语言多样性，一国语言同质性体现的是文化和偏好的统一性，而语言异质则需要面临和处理由偏好不同和冲突分裂引发的问题。

现有关于国家债务风险的研究主要基于国家债务标准模型衡量国家收入和支出水平，分析潜在的影响因素包括：产业结构和收入渠道单一、税收机制不完善、财政支出刚性以及财政安排不够灵活和合理等。对于发展中国家，引发债务风险最直接和显著因素是资金的缺乏和资金管理水平较低；然而债务风险不是发展中国家的专利，资金充足、管理水平高的发达国家也难逃债务危机。其背后深层的文化因素不可忽视：人民负债消费的生活习惯，企业和国家高负债的发展观念，期待即刻满足欲望和需求的短期导向文化，追求自我满足、忽视群体利益的寻租和腐败行为，过度自信敢于冒险的个人主义价值观等。普华永道和《经济学人》联合进行的一项“为信贷危机创造条件的因素”全球调查结果显示：31% 的调查参与者将责任归咎于“货币政策”，58% 归咎于“无效的监管监督”，73% 归咎于

“文化和过度冒险”。

鉴于此，本专著以“一带一路”沿线65个国家2008年到2017年数据为样本，采用规范研究与实证研究相结合的方法，首先，针对当下“一带一路”倡议中政策界与学术界关心的国家债务问题进行了理论分析和实证研究，基于区域经济一体化理论和资源配置理论，以驳斥“债务陷阱论”为切入点，应用双重差分模型（DID），探究“一带一路”倡议提出的时点前后，相对于非“一带一路”国家，响应“一带一路”倡议的国家外债风险的变化，以评估“一带一路”政策影响效果。在此基础上，进一步研究响应“一带一路”倡议的国家参与“一带一路”国际合作度对国家外债风险的影响并深入分析其可能作用机制，并讨论国家金融发展水平和国家金融结构对国际合作度与国家外债风险之间关系的调节作用。其次，本专著探究文化特征对国家外债风险影响，鉴于文化特征的实际可度量性和数据的可获得性，分别从社会价值观、宗教文化特征和语言多样性3个维度进行实证研究，其中，对社会价值观的研究是基于不同文化背景下社会群体的价值观影响风险感知和风险偏好，从个人主义、短期导向和不确定性规避3个维度，探讨社会价值观对国家外债风险的影响；对宗教文化的研究是基于社会冲突理论，从宗教多样性、宗教制衡度和宗教和谐度3个方面，探讨宗教文化特征对国家外债风险的影响；对语言多样性的研究是从语言两极化和分散化两个方面，依据语言谱系分类法，将一国的语言依据1语系—2语族—3语支—4亚语支—5语言—6方言共6级分层，从深层到浅层分别计算出6级语言两极化和语言分散化指标，进而探讨语言多样性对国家外债风险的影响，对现有文献进行了创新性的细化和补充。最后，本专著探究了国际合作度对文化特征与国家外债风险关系的调节作用研究，通过实证研究，分别探究社会价值观、宗教文化特征和语言多样性对“一带一路”沿线国家国际合作度降低国家外债风险的调节作用。

二、研究意义

值得说明的是，本专著支持经济和正式制度因素是影响国家外债风险的首要原因和基本因素的观点。我们关注文化特征这一非正式制度因素，并非认为其作用大过正式制度，而是因为非正式制度作为正式制度的补充，其对国家外债风险的影响是现存研究中缺乏的部分，因此值得深入研究。

第一，本专著针对当下"一带一路"倡议中政策界与学术界关心的国家债务问题，基于区域经济一体化理论和资源配置理论，以驳斥"债务陷阱论"为切入点，构建双重差分模型（DID），探究"一带一路"倡议提出的时点前后，相对于非"一带一路"国家，响应"一带一路"倡议的国家外债风险的变化以评估政策影响效果。在此基础上，进一步研究响应"一带一路"倡议的国家参与"一带一路"国际合作度对国家外债风险的影响，并进一步分析其可能作用机制，深入讨论国家金融发展水平和金融结构对国际合作度与国家外债风险之间关系的调节作用，较为全面系统地分析了"一带一路"国际合作对沿线国家外债风险的影响，弥补现有研究的不足，丰富了"一带一路"沿线国家外债风险的研究文献，为后续的研究提供经验证据。

第二，在主流经济学和金融学理论中，假设代理人完全知情、理性、具有相同信念和偏好，寻求使所有缔约方利益一致的契约，对信息不对称、代理成本和道德风险做出最佳反应。然而，代理人是有限理性的，合同是不完整的，因此在实际中，习惯、观念和道德规范等文化特征常常被作为决策的基础和依据。由于不同文化背景下社会群体的价值观对风险感知和风险偏好的影响不同，本专著具体选取个人主义、短期导向和不确定性规避 3 个维度，分析价值观对国家外债风险的影响。为将国家经济状况和制度因素等影响国家外债风险的因素剖分开来，验证不同价值观对国家外债风险的影响，本专著在构建最小二乘法（OLS）模型基础上，使用倾向得分匹配（PSM）模型，通过采用国家经济因素和制度因素等多方面特征要素估计倾向得分，并使用最近邻匹配方法一一匹配，使得两组的差异就是研究变量产生的“净效应”。通过这种方式，最大限度地排除掉其他响应因素的干扰，以研究社会价值观对国家外债风险的影响，为国际债务投资中的风险识别和评估提供实证证据，并从非正式制度中文化角度对现有“一带一路”沿线国家外债风险的研究进行了补充。

第三，不同宗教价值观念、伦理规范、思想信念和风俗习惯存在差异，国家间宗教差异体现了其文化差异，“一带一路”沿线区域是多宗教聚集地，对“一带一路”沿线国家内部多种宗教共存产生的经济后果的研究存在一定的理论和现实意义。一方面，不同宗教的文化、风险偏好存在显著差异，会导致沟通不顺畅，信息不对称程度高，交易成本高；另一方面，不同宗教的信仰和价值观不同，容易引发分歧和争端，这种分歧不仅会导致经济决策失误，更有甚者，会引发暴力突出和内战，而这些最终会引发深层次的经济问题，导致国家外债风险升高。因此，本专著具体从宗教多样性、宗教制衡度和宗教和谐度 3 个方面，研究何种宗教文化特征会导致国家外债风险较高，而何种宗教文化特征能够防范国家外债风险，从非正式制度中宗教文化的角度探讨影响“一带一路”沿线国家外债风险的因素，弥补了以往研究的不足。

第四，语言作为非正式制度中文化的一种表征符号，承载着习俗、认知和预期系统等特征，是决定国家社会及个体的价值观念和偏好的关键因素之一。“一带一路”沿线国家语言种类数量非常大，语言资源相当丰富，对“一带一路”国家语言异质性产生的经济后果的研究存在一定的理论和现实意义。语言多样性是随着种族人群分离和文化差异而逐渐形成的语言差异，一国语言同质体现的是文化和偏好的统一，而语言异质则需要面临和处理由偏好不同和冲突分裂引发的问题。因此，本专著具体从语言两极化和分散化两个方面，依据语言谱系分类法，将一国的语言依据 1 语系—2 语族—3 语支—4 亚语支—5 语言—6 方言共 6 级分层，从深层到浅层分别计算出 6 级语言两极化和语言分散化指标，研究语言多样性对国家外债风险的影响，对现有文献进行了创新性细化和补充。本专著通过探讨何种语言文化特征会导致国家外债风险较高，而何种语言文化特征能够防范国家外债风险，进而从非正式制度中语言文化角度研究影响“一带一路”沿线国家外债风险的因素。

第二节 相关概念界定

一、国家外债风险

国家外债风险是指国家外债违约风险。关于国家外债风险的定义，使用最广泛的是一些国际机构提出的定义。例如，标准普尔（Standard & Poor）将国家外债风险定义为债务人未能在到期日期或原始债务发行条款规定的宽限期内偿还本金或利息的可能性。穆迪（Moody）将国家外债风险定义为无法支付利息、不良债务交换和单边支付条款变化的可能性。国际货币基金组织（IMF）基于预算约束的角度定义国家债务可持续为：在给定融资成本下债务满足可清偿性条件。债务可清偿性是指账户盈余能够偿还债务的本金和利息。IMF 的可持续定义包含了偿付能力和流动性两方面内容。偿付能力通常被当作可持续性的代名词，定义为“当前和未来支出的贴现值不大于当前和未来收入扣除早期债务的贴现值”。

对于流动性而言，无论国家是否满足偿付条件，如果其流动性资产和可能获得的融资不足以周转到期债务，则会出现流动性不足，在流行性不足的情况下，债务的利率会上升，可能导致国家再度融资出现困难，边际利率可以无穷大，最终影响国家偿付能力，因此，偿债能力弱和流动性差都代表国家外债风险高。本专著参考以往文献，具体从偿债能力和流动性角度衡量国家外债风险。

二、文化及文化特征

文化“Culture”源于拉丁语 Colere，原意指人的能力经过培养和训练，使其超于单纯自然状态。英国文化人类学家爱德华·泰勒在经典著作《原始文化》（1871）一书中，首次将文化作为一个概念提出来，并表述为：“文化是一种复杂的整体，它包括知识、信仰、艺术、道德、法律、风俗以及作为社会上习得的能力与习惯等。”书中泰勒以进化论为理论基础，引证大量的民族学材料，对原始人类的精神文化现象，特别是宗教信仰等问题，进行了深入的开创性研究，并且阐述了他关于文化发展阶段和脉络的见解，其对文化的界定至今仍被作为理解当代社会文化问题的经典定义和基本框架。

在中国，文化是“人文化成”的简称，出自易经贲卦彖辞：“刚柔交错，天文也；文明以止，人文也。观乎天文，以察时变，观乎人文，以化成天下。”文化为智慧群族中社会现象及其内在精神的既有、传承、创造与发展的总和，涵括群族历史，是基于自然的一切活动内容，具体包括历史地理、传统习俗、生活方式、宗教信仰、语言文学、制度规范、思维方式、价值观念等。

随着时间的推移，文化的概念和内涵逐步被扩展，Kroeber 和 Kluckhohn（1952）全面地收集、归纳和整理了从 1871 年到 1951 年之间 164 条关于文化的定义，并将这些定义归纳为如下 6 类，包括：描述性定义、规范性定义、历史性定义、心理学定义、遗传性定义和结构性定义。

描述性定义指出，文化是可以列举出来的人类生活和行为的各个方面；规范性定义指出，文化是一系列支配群体活动的规则；历史性定义指出，文化是由时间累积起来的习性和习惯；心理学定义指出，文化是包括调整、适应、学习、习惯等一系列心理特征；遗传学定义指出，文化是群体的开端或起源；结构性定义指出，文化具有组织结构特征，可以通过超越文化表面现象进而发掘文化深层结构特征。综合以上 6 类定义，Kroeber 和 Kluckhohn 总结出一个文化综合性定义："文化是通过符号习得和传递的显性的与隐性的行为模式，它构成了人类群体的独特成就，包括具体的人工制品；文化的核心包括历史形成和后天选择的传统思想，尤其是其附加的价值观念；文化体制一方面可以看作是行为的产物，另一方面又是进一步行动的制约因素。" Kroeber 和 Kluckhohn 的上述定义体现了文化的历史性、整体性和系统性，突出了价值观在文化中的重要地位和作用，得到了学术界的广泛认可。

在后续的研究中，文化的概念被不断补充，Kroeber 和 Parsons（1958）指出文化是跨学科概念，是共享的价值、观念和其他具有象征意义的系统，这些共享的价值与观念塑造了人们的行为方式。Hofstede（1980）认为，文化是一种群体思维方式和共享的价值观体系，可以将一个群体区别于另一个群体。Guiso et al.（2006）指出，文化是一个种族、宗教或社会群体共享的、可以稳定的代代传承的具有惯性的信念和价值观。上述文献指出，文化最重要的内核是传统观念及价值观。此外，Geertz（1973）指出，文化是历史上传承下来的存在于符号中的意义模式，是以符号形式表达的前后相继的概念系统，人们以此交流、保存和发展对生命的认知和态度，因此，Geertz 借鉴了符号互动论的观点，认为文化是通过语言创造意义的过程。

综上所述，现有研究对文化的定义主要基于两个视角，其一是从全人类出发，将文化作为一个整体，强调人们的行为和自然的造化之间存在的区别；另外一种视角是基于不同文化主体产生不同文化实践，关注不同文化人群之间存在的差异。对文化特征的研究，是对不同国家或族群的群体特征的研究，不否认文化特征存在共性，以文化特征存在差异性为前提。本专著基于第二种视角出发，将文化理解为某一群体独特的生活方式，包括价值观、宗教信仰、语言、日常活动、风俗习惯、思维方式和传统规范等对该群体行为产生的影响，并能对该群体行为做出解释。

国家文化特征则是由一国成员共同拥有的深层的价值观体系，可以塑造和影响人们的行为的制度体系。North（1990）指出，制度是一系列被制定出来的规则、守法程序和行为的道德伦理规范，它旨在约束主体福利或效用最大化利益的个人行为。Pejovich（1999）对非正式制度的定义指出，非正式制度包括传统、习俗、价值观、宗教信仰和行为规范等方面，属于被称作“文化”的社群遗产的一部分。Ostrom（1993）、Pretty 和 Ward（2001）认为，非正式制度是自下而上所产生和发展起来的行为准则，正式制度是由国家自上而下施加的规则与规范。陆铭和李爽（2008）指出，成文的、匿名的、大范围内适用的属于正式制度，不成文的、非匿名的、仅适用于特定社群的属于非正式制度，制度的重要性不在于是否成文，而在于它是否可以实际地制约人们行为。由此可知，文化作为非正式制度的组成部分，影响国家和人民的价值观体系和行为习惯。

Tabellini（2010）使用文化变量衡量非正式制度，具体包括了信任、尊重、自决、服从 4 个维度，研究得出文化特征促进了经济发展。Williamson（2011）也使用了类似文化特征变量探究非正式制度对保护产权制度的作用。Williamson 和 Stulz（2003）用宗教和语言作为文化的替代变量。另外，种族和语言也被广泛用作衡量文化特征的替代变量。现有文献对文化的度量大体分为两类。一类是通过广泛的问卷、采访、调查形式，使用例如信任、尊重等描绘价值观的词汇来描述和衡量。这种方式的优点是可以具体到个人，进而可以用于个体行为的分析。缺点是在进行跨国的问卷调查时，同一个问题在不同国家区域的文化背景下意义不同，会影响调查结果的准确性。另外一类是通过对语言、宗教等方面的文化特征的衡量，此类方法更多的是对群体特征进行概括。本专著结合现有研究，挑选可以衡量和量化的文化特征，具体从社会价值观、宗教文化特征和语言多样性等方面综合研究“一带一路”沿线国家文化特征对其外债风险的影响。

第三节　研究内容与技术路线

一、研究内容

本专著的研究思路是：基于国际机构和现有文献对国家外债风险的相关定义，具体从偿债能力和流动性两个方面选取指标以衡量国家外债风险，同时，基于新制度经济理论中非正式制度的概念，筛选“一带一路”沿线国家具有的典型性的、可以量化的文化特征指标，研究文化特征对“一带一路”国家外债风险的影响。首先，研究基于“一带一路”国际合作视角，针对当下“一带一路”倡议中政策界与学术界关心的国家债务问题，基于区域经济一体化理论和资源配置理论，以驳斥“债务陷阱论”为切入点，构建双重差分模型（DID），探究“一带一路”倡议提出的时点前后，相对于非“一带一路”国家，响应“一带一路”倡议的国家外债风险的变化以评估政策影响效果。在此基础上，进一步研究响应“一带一路”倡议的国家参与“一带一路”国际合作度对国家外债风险的影响并分析其可能作用机制，并讨论国家金融发展水平和金融结构对国际合作度与国家外债风险之间关系的调节作用，较为全面系统地分析了“一带一路”国际合作对沿线国家外债风险的影响。

在主流经济学和金融学理论中，假设代理人完全知情、理性、具有相同信念和偏好，寻求使所有缔约方利益一致的契约，对信息不对称、代理成本和道德风险做出最佳反应。然而，实际中，代理人是有限理性的，合同是不完整的，因此社会价值观、风俗习惯和道德规范等文化特征常常被作为决策的基础和依据。针对文化特征指标，本专著根据实际可度量性和数据的可获得性，选取了社会价值观、宗教和语言三个方面衡量。首先，社会价值观采用学术界使用率和认可度较高的 Hofstede 文化中与价值观相关的维度，具体探讨价值观对国家外债风险的影响。其次，由于“一带一路”沿线国家和地区大多数是多宗教聚集地，在这些国家里，宗教不仅是信仰问题，更是国家政治经济和社会文化的核心，因此，本专著从宗教文化角度分析文化特征对国家外债风险的影响。最后，“一带一路”沿线国家语言种类数量非常大，语言资源相当丰富，语言作为非正式制度中文化的一种表征符号，承载着习俗、认知和预期系统等特征，是决定国家社会及个体的价值观念和偏好的关键因素之一，因此，本专著从语言角度分析文化特征对国家外债风险的影响。为将国家经济状况和政治制度等影响国家外债风险的主要因素剖分开来，验证不同文化特征对国家外债风险的影响，本专著在构建最小二乘法（OLS）模型基础上，使用倾向得分匹配（PSM）模型，最大限度地排除掉其他响应因素的干扰，以研究文化特征对国家外债风险的影响。最后，本专著第五章对第三、四章研究进行汇总，由于较高的国家合作度体现了一个国家更加包容、开放，交流合作意愿更高，对国家文化差异产生的影响起到调节作用，因此专著文在第五章中，通过实证分析，研究国际合作度对社会价值观、宗教文化和语言多样性 3 方面文化特征与国家外债风险关系的调节作用。

本文共包含 6 个章节，各章节中的具体内容安排如下：

第一章，绪论。本章节主要阐述本文的研究背景和意义，界定了国家外债风险和文化及文化特征的相关概念，全面梳理了本专著整体的研究思路和研究内容。

第二章，相关研究评述。本章首先评述了国家外债风险的相关研究文献；评述了文化及文化特征对国家外债风险影响的相关研究，对国家文化特征进行综述，并具体从社会价值观、宗教文化特征和语言多样性3个方面分别评述了文化特征对国家外债风险的影响，为后续研究奠定基础。

第三章，“一带一路”国际合作对沿线国家外债风险的影响研究。本章针对当下“一带一路”倡议中政策界与学术界关心的国家债务问题进行了理论分析和实证研究，基于区域经济一体化理论和资源配置理论，以驳斥“债务陷阱论”为切入点，应用双重差分模型（DID），探究“一带一路”倡议提出的时点前后，相对于非“一带一路”国家，“一带一路”沿线国家外债风险的变化以评估政策影响效果。研究结果发现，在参与“一带一路”国际合作后，沿线国家债务风险降低。在此基础上，进一步研究参与国际合作度对国家外债风险的影响及其可能作用机制，发现国际合作度有助于促进国家经济发展，从而降低了国家外债风险。同时，本专著探讨了国家金融发展水平对国际合作度与国家外债风险之间关系的调节作用。实证结果表明，沿线国家金融发展水平越高，国际合作度对国家外债风险的防范作用越强。最后，本章关注“一带一路”沿线国家的金融结构。实证结果发现，在“一带一路”沿线国家中，市场主导型金融结构加强了国际合作度对国家外债风险的防范作用。

第四章，“一带一路”沿线国家文化特征对国家外债风险的影响研究。鉴于文化特征的可度量性和数据的可获得性，本章分别从社会价值观、宗教文化特征和语言多样性3个维度，以“一带一路”沿线65个国家2008年到2017年数据为样本进行实证研究。社会价值观是基于不同文化背景下社会群体的价值观影响风险感知和风险偏好，从个人主义、短期导向和不确定性规避3个维度，探讨社会价值观对国家外债风险的影响。研究结果表明，“一带一路”沿线国家不确定性规避价值观缓解了国家外债风险，而“一带一路”沿线国家个人主义和短期导向价值观提高了国家外债风险。宗教文化特征是基于社会冲突理论，从宗教多样性、宗教制衡度和宗教和谐度 3 个方面，探讨“一带一路”沿线国家宗教文化特征对国家外债风险的影响。研究发现，“一带一路”沿线国家宗教多样性程度越高，国家外债风险越大；宗教制衡度越高，国家外债风险越大；宗教和谐度越高，国家外债风险越小。“一带一路”沿线国家语言多样性对国家外债风险的影响，从语言两极化和分散化两个方面，依据语言谱系分类法，将一国的语言依据 1 语系—2 语族—3 语支—4 亚语支—5 语言—6 方言共 6 级分层，从深层到浅层分别计算出 6 级语言两极化和语言分散化指标，研究“一带一路”沿线国家语言多样性对国家外债风险的影响。实证结果发现，“一带一路”沿线国家按语言谱系分类法 1 ~ 6 级计算出的国家的语言多样性水平有明显差异，“一带一路”沿线国家语言多样性程度越高，国家外债风险越大，其中内部冲突起到了部分中介作用。

第五章，国际合作度对文化特征与国家外债风险关系的调节作用研究。本章对第三、四章进行汇总，由于较高的国际合作度体现了一个国家更加包容、开放、交流合作意愿更高的特征，对国家文化差异产生的影响起到调节作用。因此，本章通过实证分析，研究国际合作度对社会价值观、宗教文化特征和语言多样性三方面文化特征与国家外债风险关系的调节作用。国际合作度可以调节“一带一路”沿线国家文化特征对国家外债风险的影响效果。研究发现，由于国际合作既促进了国家之间的跨文化交流也是国家包容和开放的体现，因此，国际合作度缓解了不同文化特征对国家外债风险的影响作用。具体而言，国际合作度缓解了价值观对国家外债风险的影响：其中，国际合作度高时，个人主义和短期导向价值观对国家外债风险的负面影响均有所缓解；同时，不确定性规避对国家外债风险的正向影响也被缓解，即国际合作在促进不同价值观沟通交流的同时，缓解了各个价值观维度对国家外债风险的影响。此外，研究发现，国际合作度高时，“一带一路”沿线国家宗教多样性对国家债务风险的负面影响也被缓解；同时，宗教和谐度对国家外债风险的积极影响也被缓解。最后，研究发现，国际合作度高时，“一带一路”沿线国家语言多样化对国家外债风险的不利影响也受到了一定程度的缓解。

第六章，研究结论与展望。本章节对全文结论和主要创新点做了总结和归纳，并进一步对未来的相关研究进行了展望。

本专著研究框架如图 1.1 所示。

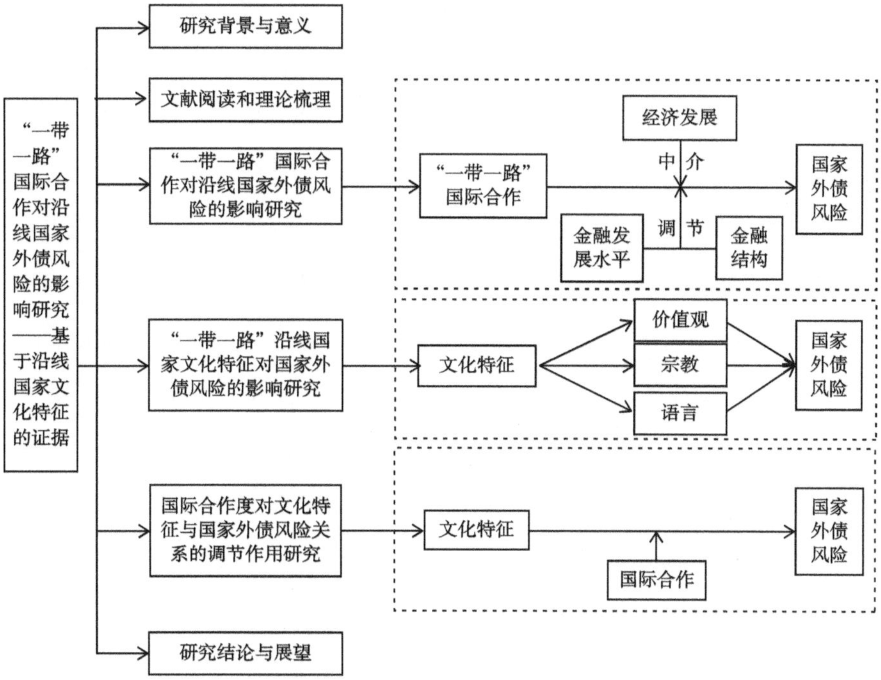

图 1.1　研究框架图

二、技术路线

本专著采用规范研究与实证研究相结合的方法。首先，从驳斥“债务陷阱论”为切入点，应用双重差分模型（DID），探究“一带一路”倡议提出的时点前后，相对于非“一带一路”国家，“一带一路”沿线国家外债风险的变化以评估政策影响效果，分析“一带一路”国际合作对沿线国家外债风险的影响。其次，鉴于文化特征的可度量性和数据的可获得性，本专著分别从社会价值观、宗教文化特征和语言多样性 3 个维度，使用最小二乘法（OLS）和倾向得分匹配（PSM）模型，在判断某一变量对另外一个变量影响时，分别确定一组控制组和一组处理组，通过倾向得分的方式找到在处理组与控制组中其他因素最相近的个体进行一一匹配，使得两组的差异就是研究变量产生的“净效应”，通过这种方式最大限度地排除掉其他响应因素的干扰。研究文化特征对国家外债风险的影响，其中，社会价值观是基于不同文化背景下社会群体的价值观影响风险感知和风险偏好，从个人主义、短期导向和不确定性规避 3 个维度，探讨社会价值观对国家外债风险的影响。宗教文化特征是从宗教多样性、宗教制衡度和宗教和谐度 3 个方面，探讨宗教文化特征对国家外债风险的影响。语言多样性是从语言两极化和分散化两个方面，依据语言谱系分类法，从深层到浅层分别计算出 6 级语言两极化和语言分散化指标，进而探讨语言多样性对国家外债风险的影响。最后，本专著研究国际合作度对文化特征与国家外债风险关系的调节作用研究，通过实证研究，分别探究社会价值观、宗教文化和语言多样性对“一带一路”国际合作度降低国家外债风险的调节作用。本专著技术路线如图 1.2 所示。

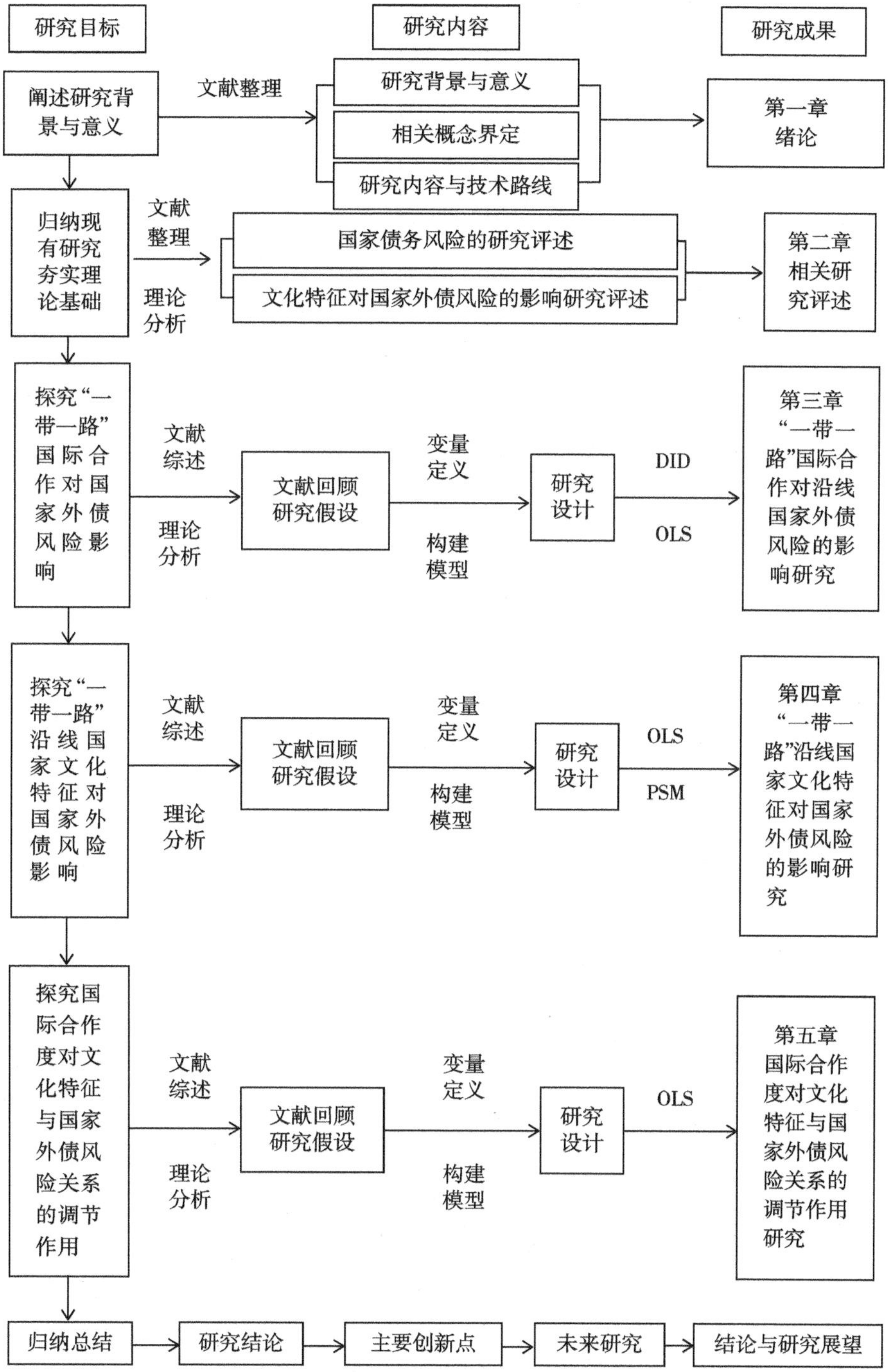
研究目标
研究内容
研究成果
阐述研究背景与意义
文献整理
研究背景与意义
相关概念界定
研究内容与技术路线
第一章 绪论
归纳现有研究夯实理论基础
文献整理
理论分析
国家债务风险的研究评述
文化特征对国家外债风险的影响研究评述
第二章 相关研究评述
探究“一带一路”国际合作对国家外债风险影响
文献综述
理论分析
文献回顾 研究假设
变量定义
构建模型
研究设计
DID
OLS
第三章 “一带一路”国际合作对沿线国家外债风险的影响研究
探究“一带一路”沿线国家文化特征对国家外债风险影响
文献综述
理论分析
文献回顾 研究假设
变量定义
构建模型
研究设计
OLS
PSM
第四章 “一带一路”沿线国家文化特征对国家外债风险的影响研究
探究国际合作度对文化特征与国家外债风险关系的调节作用
文献综述
理论分析
文献回顾 研究假设
变量定义
构建模型
研究设计
OLS
第五章 国际合作度对文化特征与国家外债风险关系的调节作用研究
归纳总结
研究结论
主要创新点
未来研究
结论与研究展望

图 1.2　技术路线图

第二章　相关研究评述

第一节　国家外债风险研究评述

Reinhart 和 Rogoff（2008，2009，2011）从事件识别角度分析，指出金融危机包括：银行危机，如银行挤兑、系统性金融机构倒闭或向政府申请救助等事件发生；外债危机，指以政府为代表的国家经济主体对以外币计价的国外债务不进行偿付的违约行为；国内债务危机，指本国居民对以本币计价的债务不进行偿付的违约行为。研究通过对世界上 66 个国家和地区近 800 年的金融危机历史的研究，指出各类金融危机的共同特征是该经济体均有过度负债。因此，债务风险成为全球各类金融危机的根源，受到学术界的广泛关注。白钦先和谭庆华（2006）指出，金融市场和机构具有实现资源最优配置的功能，通过分散风险、创造流动性、降低信息不对称性、降低交易成本等方面促进国家经济增长和防范国家债务风险。

关于国家外债风险的衡量指标，Manasse 和 Roubini（2009）以阿尔及利亚、埃及、阿曼和突尼斯等大量中东、北非国家为研究对象，分别从偿债能力和流动性的角度研究国家外债风险。研究指出，当国家外债存量较大时，国家债务风险较高，与公共债务总额占 GDP 的比值相比，外债占 GDP 的比值作为债务风险预警指标更为合适。Catao 和 Milesi-Ferretti（2014）通过对多个国家外债风险进行研究指出，外债占 GDP 的水平是预示国家债务危机的一个关键指标，尤其是当外债占 GDP 的水平超过 50% 时。

关于国家外债风险的影响因素，国家债务标准模型指出，理论上当一国的消费超过收入和新增借款总和时，出现国家债务违约，国家外债风险高。标准模型简明地指出了衡量国家外债风险需要考虑 3 个方面：消费、收入、新增借款。

Eaton et al.（1986）基于道德风险和信息不对称角度分析国家外债风

险，认为信息不对称使得债权方难以准确评估债务方实际偿还能力，因此，债务风险更多地取决于偿债意愿。Alesina 和 Tabellini（1990）首次将政治不确定性纳入债务风险模型中，认为政府官员任期过短、更迭频繁增加了债务风险。Cuadra 和 Sapriza（2008）进一步研究指出，由于政党选举面临的不确定性，执政党在执政末期倾向大量举债以争取连任，因而增加了债务风险。Draksaite（2011）认为，债务比率的增加体现出债务风险的集聚，潜在的影响因素包括收入渠道单一、税收机制不够完善、财政支出刚性以及财政安排不够灵活等。Tomz 和 Wright（2007，2013）指出，经济产出与债务违约之间的实证关系并不如预期那么紧密，因为存在其他社会因素（例如民众和政府的偏好）影响国家在债务违约和偿还之间做出取舍。

此外，近年来欧洲主权债务危机的爆发将债务风险研究转向人口老龄化问题上。由于发达国家较高的医疗水平，国民平均寿命增加，人口老龄化问题严重，社会保障支出高，政府通过举债维持国家高福利，使得政府债务风险增加。Candelon 和 Palm（2010）指出，引发欧洲主权债务危机的重要因素之一是人口老龄化和高福利所产生的高额的财政支出。然而，“一带一路”沿线大多是发展中国家，福利水平和平均人口寿命均低于欧美日等发达国家，但是其文化特征导致的偏好不同、沟通低效和冲突分裂却更明显，既影响经济产出又增加财政支出，需要引起关注。

将“一带一路”倡议称作“债务陷阱”的言论最早来自 Chellaney（2017）、Parker 和 Chefitz（2018a，2018b）等人的研究。Chellaney（2017）认为，中国和斯里兰卡基础设施建设的合作是中国有目的的加重斯里兰卡债务负担，通过强制杠杆化债务来获取战略资产或对债务国施加政治影响，是中国设计的“债务陷阱”以达到自身战略利益。指出中国与斯里兰卡就汉班托塔港债务问题进行的正常的商务谈判是中国的“债务陷阱”外交，中国通过“一带一路”合作使东道国陷入债务危机，以实现自身的政治目的。这种观点把中国在推行“一带一路”倡议过程中正常的经济行为政治化，对其背后所谓的战略色彩进行过度解读。Parker 和 Chefitz（2018a，2018b）认为，中国给“一带一路”沿线国家提供用于交通建设、基础设施等项目的贷款，但由于大部分项目在经济上是不可行的，因此受援国不能迅速偿还债务，结果通常是将地缘战略基础设施上的权利抵押出去。对中国而言，可以获得可靠的供应网络和对债务国政治经济上的影响，进而指出这是“债务簿外交”。国际上关于“债务陷阱”的讨论大多基于理论分析，真正对该问题进行实证研究的文献较少，仅有少量文献指出“一带一路”倡议会增加参与国的债务风险。Hurley et al.（2018）通过门槛分析得出“一带一路”沿线国家的债务风险增大的结论。然而，他们的研究剔除了穆迪、标准普尔和惠誉三大评级机构评定为投资级的 35 个“一带一路”沿线国家，仅针对本身具有较高国家风险的 23 个“一带一路”沿线国家进行研究，容易产生样本选择偏差。同时，研究基于 8 个通过“一带一路”国际合作获得贷款而使其债务水平超过预警阈值的国家的分析，而得出“一带一路”国际合作是导致国家债务问题的主要原因，该做法严谨性不足。

国内外众多学者并不认可“债务陷阱”的概念，对其发展逻辑进行了阐释，通过理论模型或者实证研究的方法，从不同层面对这一问题做出了回应。例如，Niambi（2019）基于对非洲国家的债务现状的分析，指出其债务问题与众多债权国相关，而中国并不是唯一的债权国。Niambi 的研究指出，部分非洲国家在国际合作中面临的最大问题之一，在于该国家是否准备好接受外交创造的经济机会以及国家间的合作是否基于互补、互利和平等的前提，以及在良好的竞争与合作的情况下，非洲国家如何从与其他国家的经济交流中获益。许多质疑“一带一路”倡议的言论并没有充分基于客观事实，在没有证据和基于臆想的基础上指责“一带一路”倡议，并阻碍沿线国家参与国际合作、促进经济发展的做法是不公平的。Cheng

（2016）分析“一带一路”倡议促进跨国投资和贸易的行为是由市场推动的，是不以经济利益为基础的对外援助。文章指出，基于更广阔的视角来看，援助和盈利可以是互补的，这在国际贸易和投资中并不是新现象，发达国家在同发展中国家合作时经常将两者融合在一起，援助为贸易和投资创造了一定条件。然而，将互利共赢的合作潜力转化为实际要基于一定前提，因此需要有人率先提供必要的公共产品。“一带一路”倡议正是中国提供给沿线国家的公共产品，例如以多边和双边协议的形式建立经济合作的政策框架，建立例如丝绸之路基金和亚洲基础设施投资银行等金融机构等。尽管“一带一路”倡议在经济上的成功会受到许多合作双方无法控制的因素影响，例如石油和金属等主要大宗商品的价格暴跌加大了相关国家开展大型基础设施项目的难度，然而从全球经济形势看，“一带一路”倡议为经济合作提供了巨大的潜力，使参与国家从互补的经济结构以及专业化和劳动分工中获益。Donnelly（2018）和 Eom et al.（2018）通过对非洲国家信贷存量增长的趋势分析指出，非洲国家债务问题不应归咎于“一带一路”倡议，中国本身也不是非洲最大的债权国。研究认为，非洲国家债务风险产生的主要原因是其不良的经济环境和脆弱的金融体系。金刚和沈坤荣（2019）使用三重差分法研究了“一带一路”倡议对中国企业在沿线国家交通行业的投资效应，实证结果指出，“一带一路”倡议显著增加了中国企业对沿线国家交通行业的投资规模，但未显著增加问题投资次数和概率，也未加剧沿线国家债务增长；进而指出，“一带一路”倡议的政策效应主要体现为发展效应，而非“债务陷阱”。权衡（2017）指出，“一带一路”国际合作使跨国投资和贸易更加便利，促进了沿线国家的经济发展。现有研究极少用实证数据正面检验“一带一路”国际合作与国家外债风险之间的关系。

第二节　文化特征对国家外债风险的影响研究评述

一、国家文化的定义与内涵

对于文化的定义和内涵，学术界至今没有统一的解释，社会学、民族学、人类文化学、考古学、管理学等各学科的学者们基于各自研究目的的不同，从各自研究角度去解释或定义“文化”，据不完全统计，仅使用英语对文化做出的定义就多达 160 余种。例如，Clark（1997）将国家文化定义为“一个国家大部分人民群众共享的态度与见解”。Hofstede（2011）定义国家文化为一种信念和价值观，通过国家文化可以区别出不同国家群体之间存在的不同。Triandis（1996）回顾和归纳总结了大量学者对文化的定义和内涵后发现，大多数学者对文化内涵存在一定共识，即将文化看作在一段较长时期，某个地理区域内，同一语言群体中的个体在信仰、认知、评价、沟通和行为中体现出的一系列共同特征。

虽然许多现有跨文化研究都以国家作为分析单位，但国家文化这一概念也受到了一定的质疑和挑战。一种质疑意见是，某些国家内部可能存在显著的文化多样性，而跨国界存在相似性，这就损害了国家文化的概念。Minkov 和 Hofstede（2011）认为，这种反对意见缺乏有力的经验依据支持。Minkov 和 Hofstede（2011）基于世界价值观调查数据，发现来自东亚、东南亚、撒哈拉以及南非洲、拉丁美洲和盎格鲁的 28 个国家的 299 个国内地区，绝大多数都以本国的基本文化价值观为主，跨国界的文化融合相对罕见。此外，许多著名政治科学家和经济学家强烈支持在跨文化研究中使用以国家作为分析单位的方法。例如 Parker（1997）认为，国家文化被视为“影响经济发展、人口行为和一般商业政策的关键因素”；Inglehart 和

Baker（2000）指出，尽管全球化不断推进，国家仍然是共享经验的关键单位，其教育和文化制度塑造了该社会的价值观；著名跨文化心理学家Smith（2004）在其研究中也支持使用国家作为跨文化分析的单位。在跨文化心理学、跨文化管理等领域，许多文化指标被当作单一的实体提供给国家，例如比较人类学杂志《跨文化研究》中提出的国家文化指数。因此，本专著基于国家文化层面研究文化特征对“一带一路”沿线国家外债风险的影响。

针对国家文化特征的研究，最著名的衡量方式是荷兰国际文化合作研究所所长 Hofstede 及其同事对文化因素进行的定量研究，调查和分析的重点是各国员工在文化特征上表现出来的国别差异。Hofstede 团队研究认为，文化是在一个环境中的人们共同的心理程序，不是个体特征，不同的区域或国家的这种程序存在差异。此外，Hofstede 文献中指出，宗教、语言、政治制度、经济发展水平和国家历史等因素影响了国家文化特征，是值得集中研究的方面。

二、社会价值观对国家外债风险的影响研究

文化是由价值观组成的，这些价值观决定了一个人的行为和对世界的看法。对于价值观的概念，Schwatz（1992，1994）认为，价值观是人们一系列行为方式的判断和选择标准，受社会文化体系如社会规范等因素的影响。Hofstede（2001）认为，价值观是某特定社会群体所共享的对事物及行为的意义、效用的评定标准，价值观构建了人们的信仰和态度，指导人们的行为。德尔·霍金斯（2013）认为，文化价值观是一个为社会的大多数成员所信奉、普遍倡导的信念，它通过一定的社会规范来影响人们行为。为更好地衡量各国文化价值观，Hofstede 在 1967 年至 1973 年间对国际商业机器公司（International Business Machine，IBM）各国员工先后进行了两

轮大规模文化价值观调查，使用二十几种语言在72个国家发放11.6万份调查问卷并回收答案，调查和分析的重点是各国员工在价值观上表现出来的国别差异，提出了衡量文化价值观差异的4个指标：个人主义—集体主义、男性气质-女性气质、权力距离和不确定性规避[23]。此后，为了更全面客观和防止西方价值观对世界文化研究的影响，Hofstede基于Michael Bond在23个国家进行的中国价值观调查（Chinese Values Survey，CVS）基础上增加了第5个维度（长期导向—短期导向）。2010年，Hofstede基于世界价值观调查，加入了第6种文化维度（放纵—克制）。个人主义—集体主义、男性气质—女性气质、权力距离、不确定性规避、长期导向—短期导向、放纵—克制构成了Hofstede文化维度的6个方面，现有关于文化价值观与经济的研究广泛基于上述6个方面。

个人主义是指社会中人与人之间的关系是松散的，个人主义关心自己和直系亲属；与之相对的是集体主义，社会更注重族群内关系，牢固的族群关系可以给人们持续的保护，个人必须对族群绝对忠诚。个人主义和集体主义被认为是世界文化价值观最主要的两大阵营，引起了学术界的主要关注。Gorodnichenko和Roland（2011）使用实证数据探究国家文化价值观中哪些维度对国家长期经济增长产生影响。研究指出，价值观中个人主义维度和不确定性规避对长期经济增长有显著的正向影响。然而，以个人主义价值观为特征的国家更强调个人利益和成就需要，较少考虑群体目标。Mourouzidou-Damtsa et al.（2017）指出，文化价值观深深植根于社会，影响金融决策。从文化价值观角度研究银行风险，发现尽管银行因影响国家金融系统稳定而受到严格监管，但是国家文化价值观对本地银行的风险仍然存在显著影响，其中，个人主义价值观越强，本地银行风险越大。原因是在个人主义价值观国家，银行增加风险以满足客户和股东高收益和利润最大化的需求，而较少考虑银行风险给国家整体带来的负面影响。Lim et al.（2011）指出，银行的盈余管理行为除了受到法律制度的监管外，还会受到国家文化价值观的影响。他们基于 39 个国家的银行为样本，研究了 1993 ~ 2006 年期间国家文化价值观的 4 个维度与银行盈余质量之间的关系，发现在高度个人主义和低不确定性规避价值观的社会中，银行盈余管理程度越大。进一步对 2007 ~ 2008 年金融危机期间银行表现进行分析，发现鼓励高风险文化的国家经历了更多的银行问题，如更大的损失和更多的贷款损失准备金。总体来看，个人主义价值观一方面促进了国家经济发展，另外一方面也增加了经济风险。

现有研究也关注了其他文化价值观维度。Kristjansdottir et al.（2017）基于 21 个国家数据分析国家文化价值观对国际贸易的影响，研究指出，在个人主义、男性气质、权利距离和不确定性规避 4 种文化价值观中，只有男性气质显著影响国家的国际贸易额。男性气质主导的国家倾向于竞争力、自信、雄心以及精神财富和物质财富的积累，男性气质越大，国家进出口贸易越大。Fidrmuc 和 Jacob（2010）指出，在高个人主义社会中，代理冲突可能更严重，因为其成员更倾向于追求个人利益，而不是股东或企业整体财富最大化，因此，来自高个人主义母国的公司会增加债务，以降低代理成本。而在高权力距离的国家，代理问题的风险较低，因此股票投资者允许公司使用较低的杠杆率和较短的债务期限。Wang 和 Esqueda（2014）研究了 1996 ~ 2010 年期间不同国家文化背景下的杠杆决策。研究指出，文化价值观特征可以解释新兴市场交叉上市的资本结构问题。在高个人主义和高放纵文化的国家，公司债务杠杆更高；相反，在高权力距离、男性气质、高不确定性规避文化和长期导向的国家，财务杠杆率较低。Boubakri et al.（2017）基于 48 个国家 3438 家银行样本，研究了在金融危机中，国家文化价值观是否在决定银行业绩方面起到了重要作用。研究发现，在金融危机中，高个人主义价值观国家银行表现较差，高不确定性规避和高权力距离文化的银行表现较好。

三、宗教文化特征对国家外债风险的影响研究

宗教经济学的研究起源于 Weber（1930）对宗教和资本主义社会发展进行的分析探讨，他提出宗教在社会的发展中起着重要作用，宗教改革引发了思想革命和现代资本主义的到来，引导人们注重节俭，促使商业获利合法化。研究发现，新教徒更有经济头脑，更加勤劳，因此，新教徒所占比例大的国家有更高的经济增长率和经济繁荣度，这是最早探讨宗教和经济增长之间关系的文献。近 10 余年来，宗教的经济影响日益成为研究热点。人们发现，宗教产生的影响具有持续稳定的特征，并且构成了代代相传的文化的一部分，对人们的经济态度、金融发展、决策制定和风险偏好都有显著的影响。

关于宗教对经济态度的影响，Guiso et al.（2003）使用世界价值观数据库，在控制国家固定效应基础上，研究宗教信仰强度和经济态度之间的关系。研究针对合作、政府、女性工作者、法律规定、节俭和市场经济 6 个方面，发现平均而言，宗教信仰和积极的经济态度相关，然而不同宗教派别之间仍有明显差异，例如基督教徒的态度更有益于经济增长。

Williamson 和 Stulz（2003）以宗教和语言作为文化的替代变量，检验了其对金融发展的影响。结果发现，在股东权利保护方面，一国法律制度的起源比语言和宗教对股东权利影响更大；但在债权人权利保护方面，一国宗教则比法律起源、经济的开放程度、语言等因素影响更大，不同宗教对待债权人权利的态度大相径庭。同时，他们还分析了文化与法律执行质量之间的关系，发现宗教、语言等文化因素与法律的执行质量紧密相关。

现有文献也论述了宗教对微观个体和企业行为及决策产生了重要影响。Porter 和 Steen（2006）基于美国研究数据发现，79% 投资者将自己归类为宗教信徒，其中 62% 的投资者在进行投资决策过程中会受其信仰影响。陈震红等（2014）基于中国的数据也得出类似结论，中国企业家做出

的重大战略调整和投资决策会受到宗教信念的影响。陈冬华等（2013）指出，宗教文化能够显著提升公司治理水平，且与正式制度具有互补作用。

与现有针对宗教特征的经济影响展开的系列研究相比，宗教多样性的相关研究较少。Mankiw et al.（1992）研究指出，宗教两极化指标对经济增长有负面影响，但是宗教分散化对经济增长影响不显著。Montalvo 和 Reynal-Querol（2003）基于世界基督教百科全书的数据，计算了宗教分散化和宗教两极化衡量国家宗教多样性，同时对两个指标进行对比分析。研究指出，和宗教分散化指标相比，宗教两极化的指标能更好地衡量出宗教多样性带来的冲突程度。研究进一步探究了宗教多样性对经济发展的影响。研究指出，宗教多样性降低了投资、增加了政府支出、提高了国家内部潜在冲突和内战爆发的可能性，进而阻碍了经济发展。Alesina 和 Zhuravskaya（2011）发现，宗教多样性对政府质量带来了负向影响。同时也有研究认为，宗教多样性可以促进经济发展，例如 Ying et al.（2017）指出，宗教多样性对中国区域发展有积极影响，其中宗教多样性对中国东部地方的发展存在促进作用，宗教两极化对中、西部地区有正向影响。

自后金融危机时代到来，隐藏极深的债务危机突然接连爆发。学术界开始关注深层次的制度因素对国家外债风险的影响，其中宗教特征作为非正式制度中一个重要方面受到关注。宗教对债务风险产生影响的原因可以归纳为直接原因与间接原因。

直接原因，是宗教直接对金融决策产生约束。比如伊斯兰教义禁止通过利息获取收益、资金借贷或高利贷，禁止投机行为，尤其禁止以极端不确定、投机和风险为特征的经济交易，禁止投资融资活动获取利息，要求风险共享和利益均沾，排斥赌博和投机行为。Schoon 和 Nuri（2012）基于对犹太人的金融系统研究也发现，犹太教教义也影响了其金融工具的设计。

间接原因，是宗教通过对个体生活态度与风险偏好等作用于各种形式的融资活动。伊斯兰提倡勤劳致富，鄙视依靠赌博、投机等手段来获取财物的行为，认为人们应当热爱劳动和保持诚实、勤恳、俭朴的作风。伊斯兰教义极为重视合同的神圣性，在签订和执行合同的过程中，信息要及时充分披露，从而减少由于信息不对称造成的损害。巴曙松等（2009）指出，在国际金融危机背景下，伊斯兰金融能得到稳定发展的主要原因是伊斯兰金融更加重视风险控制。宗教信仰影响微观个体的生活态度和生活习惯。B é nabou 和 Tirole（2006）指出，宗教信仰会影响个体信念，由于宗教教义里表述的和天堂与地狱相关的奖励和惩罚机制，信徒们对死后和来生的境遇产生幻想，影响了其信念的形成。在经济学方面，信念影响人们对税收和社会福利等财富重新分配方式的公平程度的感知。影响经济个体效用函数和风险偏好等方式影响其金融行为。Kumar et al.（2011）着重分析了新教与天主教在风险偏好上的差异，指出宗教信仰影响投资者对赌博和投机的态度，进而影响其投资组合的选择、公司的决策和股票收益等金融市场结果。Benjamin et al.（2016）分析宗教信仰差异对微观主体的影响，研究发现，基督教信徒更乐于奉献，而天主教信徒相互信任度较低，风险厌恶性也低；在工资待遇提高时，犹太教信徒显著提高其努力程度，进而提升了劳动力市场的互惠性。Alesina et al.（2016）深入分析宗教多样性阻碍经济发展的原因，研究发现，宗教多样性造成对公共政策制定的分歧，引发不同群体的敌意以及冲突。

四、语言多样性对国家外债风险的影响研究

语言多样性可以从偿债能力和偿债意愿两个方面影响国家外债风险。从偿债能力角度分析，一方面，语言多样性影响国家经济发展和收入水平，增加债务风险。Fishman（1966）最早对语言多样性的经济后果进行系统探讨，研究指出，相对于语言异质性，语言的同质性更多的与国家“正

向”的特征相联系，一般而言，语言同质性高的国家或地区经济更发达、社会更稳定，语言同质性和异质性的差异大致与贫富国家间的差异趋同。随后，Pool（1972）通过对 1962 年 133 个国家的最大本族语的族群人数所占比例与该国人均国内生产总值之间的关系的研究，指出欠发达国家与其不同程度的语言多样性相关，尽管语言统一的国家不一定是发达国家，但语言多样性高的国家大多是不发达或半发达国家，高度发达的国家大多是具有高度统一的语言。主要基于上述两项研究，“费希曼—普尔假说”认为，语言多样性程度抑制了经济发展。然而，也有研究对“费希曼—普尔假说”提出质疑，例如 Sreekumar（2014）用人类发展指数（HDI）作为衡量国家经济发展的指标，结果发现，2011 年世界高 HDI 组别（前 25 名）的国家的语言种类平均值与低 HDI 组别（后 25 名）的国家语言数量的平均值大致相同。另一方面，语言多样性增加财政支出。Ginsburgh et al.（2007）和 Pym（2015）指出，当个体之间不能使用同种语言沟通时会产生较高的交易成本。短时期用于交流花费不大，但是长时间多频次累计花费十分可观。以可计量翻译成本为例，欧盟 15 个成员国每年的翻译费用约 6.86 亿欧元，增加到 28 个成员国后，费用相应升高至 11.23 亿欧元，是欧盟委员会所有员工薪资的十分之一。Liu 和 Pizzi（2016）指出，国家内部的语言多样性阻碍了经济发展，因此给出政策建议：国家应该增加语言教育的支出，鼓励民众学习官方语言或通用语，以减少语言沟通障碍产生的交易成本，尽管这在政治上仍需要艰难的努力。然而，作为一种沟通工具，语言障碍虽然可以通过翻译或者第二语言的习得部分消除，但是母语承载的价值观和偏好的不同仍然会带来文化差异，影响人们的经济行为和决策。

此外，现有研究发现，语言多样性导致人们对储蓄的观念不同。Chen（2013）发现，不同语言在编码时间的方式上存在很大差别，因此人们对于时间的感知和偏好不同。研究使用世界价值观调查数据实证分析语言对储蓄率、退休后财务安排等方面存在的影响，发现不同语言与跨期选择存在内在关联，语言特征体现了文化偏好。Chen et al.（2017）的研究扩展到公司层面，指出不同语言在语法结构上对未来时的强调不同，相应的，人们对于未来时间的感知和偏好也不同。使用现在时态谈论未来事件的语言使用者（例如中国人）认为未来可能发生的不利信贷事件更迫在眉睫，因此会持有更多的预防性储蓄，相应的，企业现金持有量较高；而使用未来时态语言的人们认为未来的债务距离现在更遥远，因此贷款行为较多而储蓄行为较少，相应的，企业现金持有量较低。进一步使用金融危机前后的经验数据也发现同样的特征规律，研究表明，语言引发的信念形成的宗教文化特征是解释语言与企业储蓄行为之间关系的一种有效机制。

从偿债意愿角度分析，Tomz（2004）指出，面临债务危机时，政府偿还债务需要调整财政政策，影响公民收入水平和福利保障，而政府违约会损害国家以及企业的国际声誉，不利于未来跨国贸易和投资交易，长远角度会损害国家和公民整体利益。研究基于阿根廷债务危机期间的民意调查，结果显示：平均而言，公共部门员工违约意愿较强，私营部门员工违约意愿较弱；贫穷和失业群体更倾向于违约，拥有更多资产和稳定工作群体倾向于偿债；总体上，更重视未来资金流入的民众更倾向于偿还债务。研究指出，民众的价值观与偏好影响偿债意愿，进而影响国家外债风险。作为文化的载体，语言具有非正式制度的特征，影响人们的价值观、认知和偏好，进而影响个体和国家的行为和决策。

包括上述研究在内，现有研究对语言多样性程度大多只使用一种深度划分，跨国的研究大致上基于语言层次，而国家内部的研究基于语言或者方言层次。然而，受团结、共情作用的影响，浅层的语言分裂可能被填补，使得语言多样性带来的经济影响被掩盖，而深层的语言多样性未能被捕捉和量化，因此其经济后果也无法衡量。Desmet et al.（2016）开创性地提出了从不同深度划分语言多样性程度，由于该研究涵盖部分语言极其复杂的非洲国家，研究使用了 15 个层次的语言多样性程度探讨语言多样性对内战、收入再分配、公共物品、经济增长等方面的影响。但是此分类方式过于细致，在对“一带一路”沿线国家语言多样性程度的研究时有必要在此基础上进行调整，并且对语言多样性产生的其他方面的经济后果进行研究和补充，进一步探讨可能的影响路径和有效的防范机制。

第三节　文献评述

通过对国内外文献的梳理和归纳，可以发现现有关于国家外债风险以及价值观、宗教、语言产生的经济影响的相关研究均取得了一定的成果，为后续的研究提供了坚实的理论基础和充实丰富的实证证据，同时，笔者认为，现有研究中存在一些内容需要进一步探究和完善：

第一，关于国家外债风险的传统研究主要关注一些宏观经济因素。近年来的研究指出，政治、人口老龄化和制度因素也是国家外债风险的重要决定因素，但现有研究缺乏专注于系统全面地探讨非正式制度对国家外债风险的影响。

第二，现有驳斥“一带一路”倡议中“债务陷阱”的文献大多是对其发展逻辑进行阐释，通过理论和模型分析方法从不同层面对这一问题做出回应，而基于全部“一带一路”沿线国家数据的实证研究较为缺乏。

第三，现有文献指出债务风险背后深层次的文化因素不可忽视，现有研究从个人负债消费的生活习惯和企业高负债的发展观念等方面研究文化对债务风险的影响，但是缺乏从国家层面上探讨群体文化特征对国家外债风险的影响。

第四，现有针对宗教的经济影响的研究大多是单从宗教类别、宗教集中度或多样性角度分析，且大多是基于宗教教派层面讨论，少数研究分析宗教两极化的影响。因此，现有文献缺乏细化到宗教内部派系层面的、从多个角度系统完整地对宗教文化特征进行研究。

第五，现有针对语言多样性的经济影响的研究大多选择例如语言或者方言仅一个层次衡量国家语言多样性，所得的结论有所不同。因此，现有文献缺乏系统全面的对语言多样性的衡量。

综上所述，本文从社会价值观、宗教文化特征和语言多样性3个方面，全面分析非正式制度中文化特征对国家外债风险的影响，并力图在上述各个方面更加细致和深入分析，以求对现有文献进行适度补充。

第三章　“一带一路”国际合作对沿线国家外债风险的影响研究

第一节　研究问题的提出

随着“一带一路”倡议的不断推进和发展，“一带一路”经贸合作取得了举世瞩目的丰硕成果，截至2019年，中国企业于46个国家中的在建初具规模的境外经贸合作区的累计投资达426.9亿美元，入区企业5452家，上缴东道国税费40.9亿美元，为当地创造就业岗位36.7万个[①]。但是也有一部分机构和个人出于各种不可告人的目的，对“一带一路”倡议及其取得的丰硕成果进行质疑。其中，一些机构和智库提出了“一带一路债务陷阱论”，质疑“一带一路”倡议的经济属性，认为中国通过向“一带一路”沿线国家投资大规模基础设施建设并提供高额贷款，使得东道国无力偿还贷款导致投资项目中止，进而迫使东道国让渡项目控制权乃至主权以换得债务的减免，例如斯里兰卡的汉班托塔港项目和缅甸的皎漂港项目。然而，上述观点与“一带一路”合作共赢的核心观点是相悖的，它们无视“一带一路”建设所取得的巨大成绩，戴着有色眼镜来看待“一带一路”建设，也与现有的主流研究成果不符。

现有的“一带一路”主流研究文献从政治合作、经贸合作、全球化、和平发展等视角，对“一带一路”历史缘起、概念内涵以及建设目标进行了解读，以及对“一带一路”功能作用的分析认为，“一带一路”不仅推动了经济全球化进程，促进了“一带一路”沿线国家经济发展和金融合作，还有利于化解国内过剩产能、构建中国特色新型外交关系等。然而，现有专门针对“债务陷阱论”回应的研究，大多是从定性的角度描述分

① 数据来源：中国经济网2019年10月20日消息。http：//www.ce.cn/xwzx/gnsz/gdxw/201910/20/t20191020_33386541.shtml.

析，未能从实证角度分析“一带一路”国际合作对沿线国家债务的影响效应及其影响机理。

因此，本章针对当下“一带一路”倡议中政策界与学术界关心的国家债务问题进行了理论分析和实证研究，基于区域经济一体化理论和资源配置理论，以驳斥“债务陷阱论”为切入点，应用双重差分模型（DID），探究“一带一路”倡议提出的时点前后，相对于非“一带一路”国家，响应“一带一路”倡议的国家外债风险的变化以评估政策影响效果。在此基础上，进一步研究响应“一带一路”倡议的国家参与“一带一路”国际合作对国家外债风险的影响并进一步分析其可能作用机制，并讨论国家金融发展水平和金融结构对国际合作度与国家外债风险之间关系的调节作用。

本章的主要贡献在于：（1）基于国际合作的视角，实证分析“一带一路”国际合作对沿线国家外债风险的影响，以驳斥“债务陷阱论”的谬论；（2）厘清了国际合作对“一带一路”沿线国家外债风险的影响的作用机制，并进一步分析国家金融发展水平和金融结构对国家外债风险的影响，拓宽了国家外债风险的研究广度。

第二节 理论分析和研究假设

“一带一路”沿线国家多为发展中国家，它们对经济建设和社会发展具有强烈的需求。然而，由于经济落后、投资风险大，国际货币基金组织、世界银行和发达国家商业银行等主要融资渠道对发展中国家始终持谨慎态度。发展中国家人均收入低导致储蓄低，低储蓄导致资本缺乏，进而导致生产率低下和收入不高；低收入意味着低购买力，低购买力又引致投资不足，使得生产率低下，造成收入低下。当这种循环加入了国际不平等因素时，更加重了发展中国家的困难。对此，“一带一路”国际合作给沿线国家带来官方援助和投资以及民间资本投资，通过引进外部资源，打破发展中国家可能存在的恶性循环。

“一带一路”国际合作缓解了沿线国家债务风险。一方面，通过改善沿线国家的经济发展状态，可以增加国家财政盈余，进而缓解其对债务的依赖程度，降低债务需求；另一方面，沿线发展中国家财政支出的重点项目大多是基础设施建设，也正是“一带一路”国际合作优先考虑的项目。国际合作可以减少沿线国家在基础设施建设上的投入，进而缓解其债务负担。

美国全球发展中心通过实证研究方法得出“一带一路”国家的债务风险增大的结论。而事实上，该研究结果本身存在着数据选择的偏差，他们剔除了穆迪、标准普尔和惠誉三大评级机构评定为投资级的 35 个“一带一路”沿线国家，仅针对其中具有较高债务风险的 23 个国家进行研究，数据样本选择不能全面反映“一带一路”沿线国家的实际状况，研究结论存在明显偏差。同时，该研究仅根据 8 个通过“一带一路”合作获得贷款而使债务水平超过预警阈值的国家样本，得出“一带一路”合作是导致国家债务问题的主要原因的结论，更是缺乏普遍性和完整性，非常不严谨。因此“债务陷阱论”无视“一带一路”建设的巨大成绩，而进行明显有偏见性的评价，其观点严重缺乏事实依据，完全是杞人忧天式的主观臆断。

在 2004 年到 2019 年期间，对比“一带一路”沿线国家与非沿线国家可以发现，“一带一路”沿线国家的债务规模占 GDP 比重保持在 30% ~ 50% 范围内波动，总体上远小于非沿线国家。同时，沿线国家的债务比重最高为 50%，远低于 60% 的公认警戒线。为防患于未然，在第二届“一带一路”高峰论坛期间，中国财政部发布了《“一带一路”债务可持续性分析框架》，表明中国政府已意识到“一带一路”沿线国家潜在的债务风险，并为接下来推进“一带一路”高质量发展做好准备。而反观非沿线国家的债务水平，从 2004 年的 75.5% 上升到 2019 年的 100.6%，已经远超过国家债务警戒线，面临债务危机随时爆发的风险。

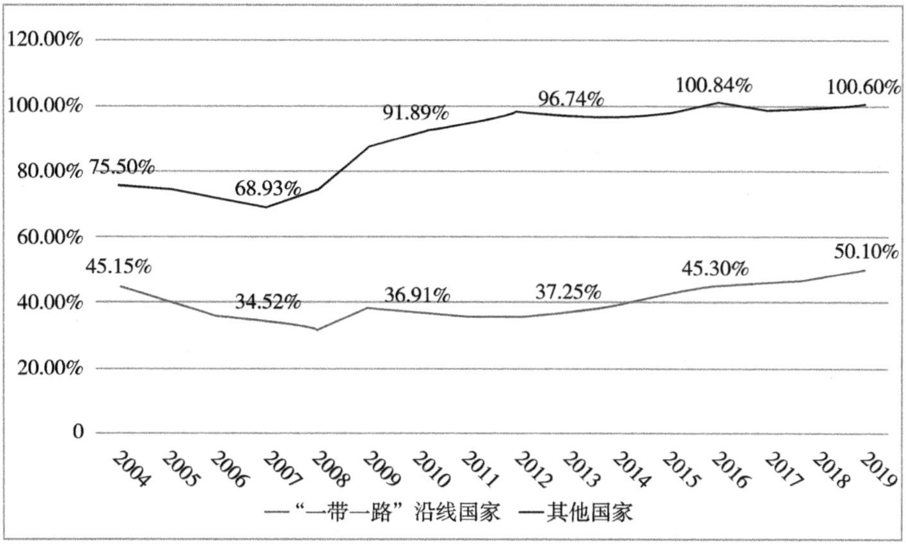

图 3.1　2004～2019 年“一带一路”沿线国家与其他国家债务风险比较

斯里兰卡与缅甸两个国家的基础设施不断完善，带动了经济增长和收入提高。2019 年斯里兰卡的人均 GDP 为 3853 美元，比 2013 年的 3610 美元增加了 243 美元，增幅为 6.7%；缅甸的人均 GDP 由 2013 年的 1162 美元增长为 2019 年的 1408 美元，增幅为 21.2%。同时两国的国民收入水平分别上升了 12.4% 和 26.0%。

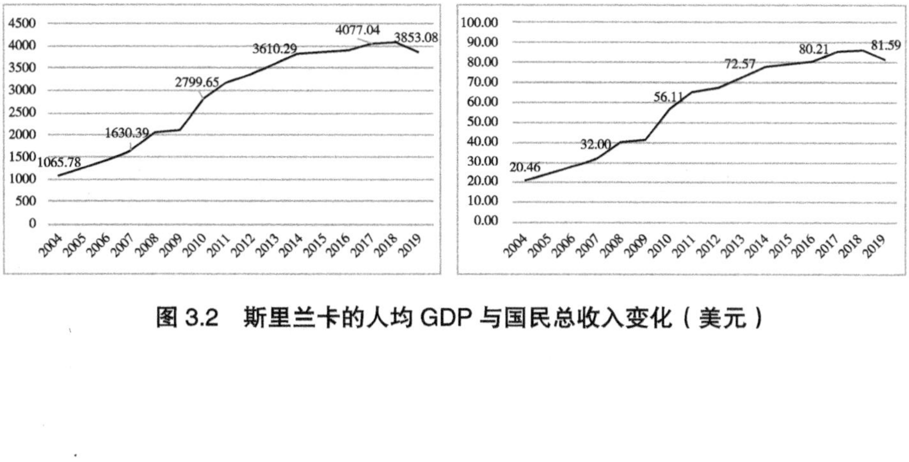

图 3.2　斯里兰卡的人均 GDP 与国民总收入变化（美元）

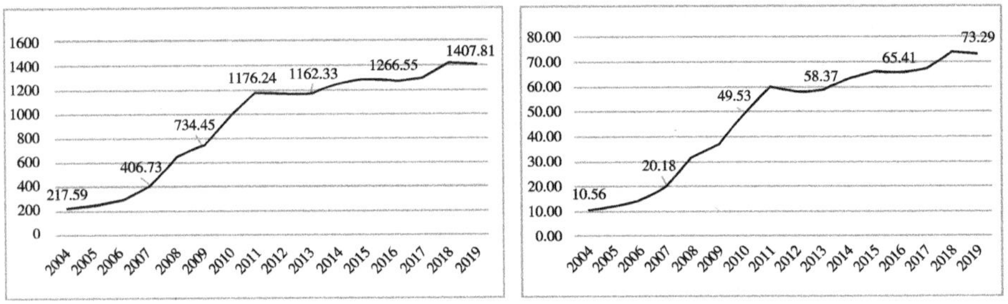

图 3.3　缅甸的人均 GDP 与国民总收入变化（美元）

缅甸的皎漂港项目被西方媒体大肆渲染为中国的“债务陷阱外交”，然而观察缅甸的债务风险指标可以发现，自开展“一带一路”合作以来缅甸的债务规模并没有大幅度的增长，债务与 GDP 比值维持在 36%~38% 的较低水平，债务负担远远低于世界平均水平，根本就没有产生债务陷阱。

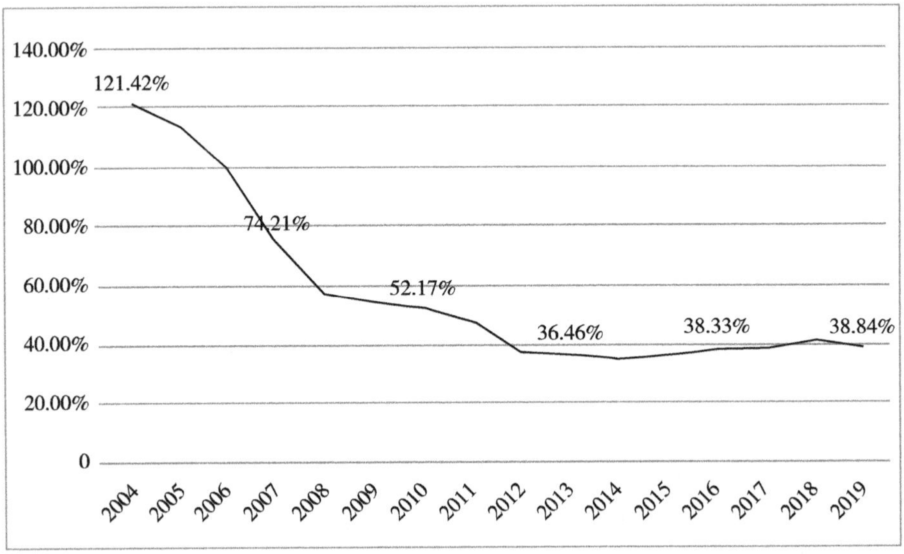

图 3.4　2004 ~ 2019 年缅甸债务规模占 GDP 比重

数据表明，“一带一路”建设为沿线国家注入动能，众多沿线国家的经济状况有所好转。“一带一路”国际合作带来的发展契机可以提高沿线国家的偿债能力，是缓解债务风险的良方。因此，本章提出研究假设 3-1。

研究假设 3–1：“一带一路”国际合作降低了沿线国家的外债风险。

国家债务与公司债务最主要的区别在于执法机制，公司债务受到国家法律强制管理，而国家债务具有“主权免疫”的特征，即使发生债务违约，也难以强制要求违约国家履行债务契约。现有研究指出，债务违约可能导致国际贸易下降，债权人可能利用关税和非关税壁垒减少与债务违约者之间的贸易往来。此外，国家选择债务违约将会影响其未来进入国际金融市场进行融资，因此，国家按时偿付本息以维护声誉。所以，第一，国家外债风险受到债务人维护自身国际声誉意愿的强弱影响，国际合作度高的国家更注重维护自身的国际声誉；第二，国际合作度越高，债务违约行为对其在国际金融市场的融资和国际贸易带来的损失更大，即债务违约的成本越高；第三，参与国际合作度越高，表明国家跨国交流合作、互利共赢的意愿越强，也就更有偿还债务的意愿；第四，国际合作度高是国家包容开放特征的体现，参与国际合作可以实现资源在更大范围内的整合与配置。因此，本章提出研究假设 3–2。

研究假设 3–2：“一带一路”沿线国家中，国际合作度高的国家，国家外债风险较低。

国际合作度是衡量一国与世界社会经济的融合程度的重要测度指标。研究国际合作度对国家外债风险的影响需要厘清其中作用机制，即分析国际合作度如何通过影响沿线国家经济发展水平进而影响国家外债风险。本章分析“一带一路”国际合作度的经济影响，主要依据区域经济一体化理论和资源配置理论。区域经济理论立足区域经济学的发展视角，追求空间资源配置的合理化。由其衍生出的区域经济一体化理论，则强调国家或地区间出台投资贸易政策和措施，共同打造区域性经济联合体。从要素自由流动到市场深度融合，从双边金融机构合作到公共融资平台，参与合作的国家资金融通的发展方向将与经济一体化方向趋于一致。从经济学资源配置的角度分析，参与合作的国家间资金融通作为一种资源配置的手段，可以实现资源在更大范围内的整合与配置，对经济增长产生正向促进作用。

此外，两缺口模型首次系统地分析了一国利用外资与经济增长之间的关系。两缺口模型理论指出，一国要提高国民经济增长，需要处理好投资与储蓄、进口与出口的关系，在发展中国家，国内有效供给与资源计划需求之间存在缺口，即储蓄缺口与外汇缺口，利用外资是填补这两个缺口的有效手段，通过引进外资、刺激出口、提高储蓄水平，促进国民经济增长。发展中国家利用外部资源，在发挥政府作用的同时，调整国内的经济结构以适应引进外部资源，对于缓解国内资源的稀缺具有重要意义。然而，实践中两缺口模型存在一定缺陷。该模型的基础是总量分析，对国内所需资源的结构特征缺乏深刻的理论分析，对引进外资的流向未做详细规定，如引进的国外资源用于消费，会使其促进经济发展的现实意义被削弱。而基于“一带一路”国际合作引入的外资资金主要是用于基础设施建设。基础设施是一国经济正常运转的重要保障，完善的基础设施为市场提供便捷的运输和通信服务，降低交易成本和生产要素成本，提高国家经济运行效率，创造就业机会，对国家经济增长有显著促进效应。“一带一路”国际合作主要投资项目是基础设施建设，通过提供资金和技术支持，不断完善沿线国家基础设施建设，为沿线国家经济发展注入活力。通过国际合作，将引入资金这一“输血”行为，转换为国家自身的“造血”能力，“输血”和“造血”有机结合，从根本上提高沿线国家经济水平。

依据上述理论，结合历史经验可以发现，“一带一路”国际合作促进了发达国家经济增长、产业结构调整、人才引入等，使其取得了可观的现实和潜在经济利益；而发展中国家在国际合作中，通过利用国际国内的资源和市场，显著增加了国际投资和贸易，实现经济发展，加速现代化进程。但是，自 2008 年经济危机以来，国际贸易和投资增速减缓，贸易保护主义势力抬头，国际合作是否带来共赢的观点受到了一定质疑，其根本原因在于国际合作治理缺失和国家经济结构性失衡，现有的国际性公共产品供给缺乏，国际治理体系有待完善，尤其针对当下全球发展面临的国际不平等、贫困、金融危机治理等新问题，需要国际合作和治理体系适时地创新发展。“一带一路”倡议正是这种公共产品，促进国家间多边和双边合作，建立丝绸之路基金和亚洲基础设施投资银行等金融机构，推动世界经济转型和结构调整，增加国际投资和贸易，促进国际金融开放合作，创新全球经济发展途径，带动国家经济增长。因此，本章提出研究假设 3-3。

研究假设 3-3：国际合作度提高“一带一路”沿线国家经济发展，进而降低其外债风险。

自 McKinnon 和 Shaw（1973）研究提出了金融深化理论，金融发展水平对国家的经济发展的重要性在学术界受到了广泛的认可。Beck 和 Levine（2004）基于跨国数据实证分析得出，股票市场和银行机构的发展可以促进经济增长。Wu（2010）基于 13 个欧盟国家 1976 ~ 2005 年间的面板数据分析了金融机构对国家经济增长的影响。研究发现，股票市场资本化和流动性对经济发展具有积极影响，一国金融深度可以提高商业银行的风险分散程度和信息服务水平，有利于经济的稳定发展。王永钦等（2016）指出，金融市场是否能合理地对城投债的风险进行定价是估算地方政府债务违约风险的重要前提，而金融市场的流动性是化解地方债问题的重要途径。例如，财政部债券置换，将金融市场中部分高成本到期债务转换为低利率地方政府债，进而降低地方债务到期的偿债压力，保持经济稳定增长。此外，将银行贷款证券化同时配合现存城投债存量，通过金融市场的流动性来化解地方债务问题，具有较强的现实意义。相反，如果金融发展不足，会限制地方政府在市场上寻找可以化解债务包袱的有效金融渠道，因而不利于债务风险疏控。

金融发展对国家经济发展和国家外债风险的影响可以从以下 4 个方面分析：第一，更完善的金融系统可以提供更全面的企业和市场状况信息，改善投资机会的事前评估，引导资本流向具有最高价值用途的项目，促进国家整体更有效的资本配置；第二，更完善的金融系统可以降低信息不对称和交易成本，进而增强资本流动性。金融市场流动性是保持金融资产价格稳定的基础，而政府债券价格相对稳定可以降低债务风险。Hall（2014）基于美国市场分析国家财政稳定性，研究指出，相对稳定的债券价格可以降低债务风险。国内学者庞晓波和李丹（2015）基于经济不确定性，研究中国的政府债务风险时得出一致的结论，即债券价格稳定可以抑制债务风险，尤其当经济处于低迷时期效果更为显著；第三，更完善的金融系统可以降低资本的跨期风险，例如当面对宏观经济冲击时，在特定的时间点无法分散风险，金融中介可以通过长远投资，提供在繁荣时期相对较低、在萧条时期相对较高的回报，从而促进两代人之间的风险分担，提高跨期风险分担的可行性；第四，更完善的金融系统可以更有效地增加储蓄，利用规模经济，克服投资的不可分割性，改善资源配置，促进技术创新，进而影响国家经济发展。因此，较好的金融发展水平可以促进经济发展，提高一国偿债能力，进而降低国家外债风险。

此外，即使国家有偿债能力，也可能由于缺乏偿债意愿而导致国家外债风险增大。传统观点认为，国家按时偿付债务是为了避免外国制裁或被排斥在国际金融和商品市场之外。后续研究又提出新的发现，例如Gennaioli et al.（2014）指出，一国的金融机构越发达，其主权债务违约发生率越低。研究指出，由于本国银行投资于国家公共债券，金融机构越发达，国家发生债务违约时给本国银行带来的损害就越大。现有的主权债务模型未考虑上述因素的原因是，模型中假设政府可以通过（1）只对外国债券持有人选择性违约，或（2）在违约后选择性纾困，来保护国内银行系统免受违约后果的影响。如果这种完美的债务“歧视”是可能的，那么银行就不会因公共违约而遭受直接损失。然而，现实中政府很难实行完全的歧视，给银行系统的保护也是有限的，例如，欧洲主权债务危机说明了公共违约与金融机构动荡之间的关系，因为银行持有相当数量的国家政府债券，从2009年起，关于希腊、意大利和葡萄牙公共债务可持续性的负面消息，给这些国家的银行业带来重创。因此，金融机构越发达，国家越不愿意发生债务违约行为，其偿债意愿越强。基于上述原因，本章提出研究假设3–4。

研究假设3–4：“一带一路”沿线国家金融发展水平越高，国际合作度对国家外债风险的防范作用越强。

研究假设3–4a：“一带一路”沿线国家信贷市场越发达，国际合作度对国家外债风险的防范作用越强。

研究假设3–4b：“一带一路”沿线国家股票市场越发达，国际合作度对国家外债风险的防范作用越强。

现有研究关于金融结构对国家经济发展和经济波动的影响存在争议。支持银行主导型金融结构的观点认为，银行主导型金融结构对企业融资后的监管力度更强，银行在资源配置和风险管理等方面有着更大的优势，尤其是当国家经济发展水平处于初始的阶段，银行是为国家经济增长提供支持的核心力量。Kim et al.（2016）发现，以银行为主体的金融结构可以更好地促进以小企业为主导地位的行业发展，通过促进小企业发展和产业中新公司的形成来促进经济增长。研究指出，银行主导型金融结构更适合在制度和法律缺失、股票市场不发达、国有和私人企业在经济中呈垄断地位、透明度低、信息共享程度低的发展中国家和新兴经济体。然而，银行主导型金融结构的负面效应也比较明显，一方面，金融中介机构对企业的影响较强，会给企业进一步发展带来负面影响；另一方面，随着银行机构的发展，国内信贷过度扩张被认为是引发国家金融危机的重要因素之一。

与银行主导型金融结构相比，市场主导型金融结构有如下特点和优势。第一，市场主导型金融结构在设计和提供更多种类的风险管理工具方面具有独特优势，与银行主导型的金融结构只提供基本风险管理服务不同，市场主导型金融结构可以根据不同的情况和风险承担能力设计相适应的金融产品。第二，市场主导型金融结构在促进经济发展方面更具优势。Yeh et al.（2013）实证研究发现，金融结构越偏向市场主导，经济发展越快，但同时经济的波动也越大。彭俞超（2015）基于46个国家和地区的面板数据分析金融结构对经济增长的影响，研究指出，大多数国家实际金融结构的市场导向程度均远低于“最优水平”，市场导向的金融结构可以促进经济增长，尤其是在金融功能更完善的国家，市场导向的金融结构对于经济增长的促进作用更强。刘晓光等（2019）指出，与银行主导型金融结构相比，市场主导型金融结构可以更有效地促进最优的资源配置状态的形成，尤其是对于外部资金依赖度较高的企业和中小型成长企业所占比例较大的行业，市场主导型金融结构可以加快其达到最优资源配置的速度，股票市场越有效率，市场主导型金融结构越有效。第三，从银行主导型金融结构向市场主导型金融结构转化可以在一定程度上抑制国内信贷的扩张。龚强等（2014）基于金融制度和产业特性匹配度的视角，分析市场主导型和银行主导型金融机构在不同产业结构中存在的差异，指出最优金融结构应该从以银行主导转向以市场主导。张成思和刘贯春（2016）基于金融监管视角阐释一国金融结构形成的内在机制，进而分析最优金融结构的动态特征和经济增长效应。研究指出，最优金融结构应与相应阶段实体经济对金融服务的需求相适应，进而有效实现金融体系功能，促进经济发展。基于以上分析，本文提出研究假设3–5。

研究假设3–5：在“一带一路”沿线国家中，市场主导型金融结构加强了国际合作度对国家外债风险的防范作用。

本章节研究框架如图3.5所示。

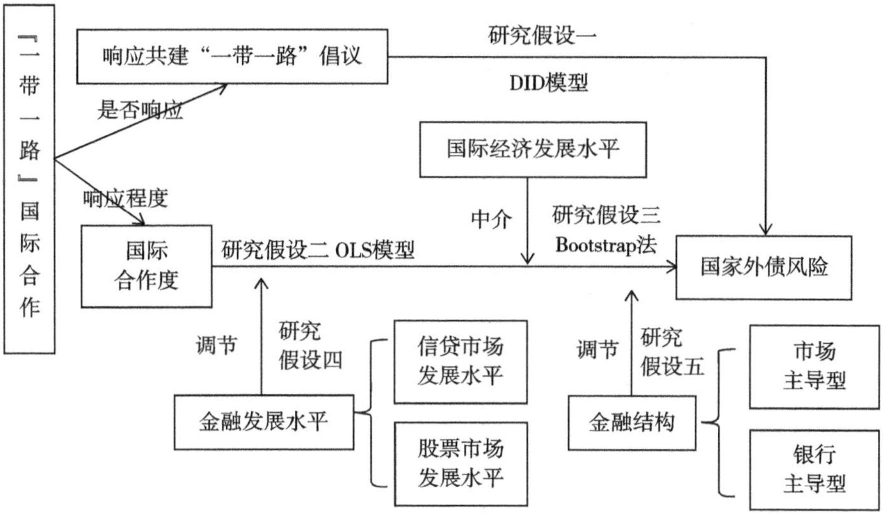

图 3.5 “一带一路”国际合作对沿线国家外债风险的影响逻辑框架图

第三节 研究设计

一、变量定义与数据来源

1. 被解释变量

本专著研究的国家外债风险是指国家外债违约风险，设置变量 Risk。基于国际货币基金组织的定义，衡量国家外债风险包含偿付能力和流动性两方面内容。对于流动性而言，无论国家是否满足偿付条件，如果其流动性资产和可能获得的融资不足以周转到期债务，则会出现流动性不足。在流动性不足的情况下，债券的利率会上升，可能导致国家再度融资出现困难，边际利率可以无穷大，最终影响国家偿付能力。因此，偿债能力弱和流动性差都表示国家外债风险高。本专著参考以往文献，具体从偿债能力和流动性角度选取如下 3 个指标数据衡量国家外债风险。

第一，使用一国外债总额占 GDP 的比例来衡量国家外债风险，设置变量 Fordebt。衡量国家债务相对规模一般采用国家债务负担率，即国家债务总额占 GDP 的比重，其中国家债务总额包括国外债务和国内债务，国外债务所占比例越大，国家债务风险越高。本专著主要研究国家外债风险，使用国外债务占 GDP 的比例，此比值越高说明国家外债风险越大。第二，使用一国外债偿还额占出口比重衡量国家外债风险，设置变量 Debtserv。国家出口收入中用于偿还外债的比例表明债务偿还受到出口收入影响的程度，指标能够反映拥有大量短期外债的国家面临的债务脆弱性。第三，使用一国政府所持有的国际储备资产（剔除国际货币基金组织贷款和外债）与进口商品金额的比值来衡量国家外债的流动性风险，设置变量 Intliq。为使 3 个国家外债风险指标的方向一致，使数据便于处理、比较和解释分析，本专著参照世界各国金融风险评价指南（International County Risk Guide，ICRG）的数据处理方法，将变量比值转化为得分，得分越高，国家外债风险越大；得分越低，国家外债风险越小；数值得分满分为 50 分，最低为 0 分。

2. 解释变量

（1）“一带一路”国际合作处理效应

依据是否响应“一带一路”倡议，将样本中的国家定义为“一带一路”国家和非“一带一路”国家，本专著主要研究“一带一路”国际合作是否对国家外债风险产生影响。为控制内生性的影响，以共建“一带一路”倡议的提出这一外生事件作为“准自然实验”，运用双重差分模型，研究“一带一路”国际合作对国家外债风险的缓解作用。由于“一带一路”倡议真正实施是在 2014 年政府工作报告之后，本专著参照曹伟等（2019）的方法，将 2014 年定义为“一带一路”国际合作的时间界限，按照年度为时间单位，若一国在 2014 年（含 2014 年以前）响应“一带一路”倡议，则 D=1，否则为 0。

（2）国际合作度

衡量“一带一路”沿线国家参与“一带一路”国际合作度（Coop），本专著使用国泰安数据库提供的“一带一路”国际合作度指数数据，从政策沟通度、设施联通度、贸易畅通度、资金融通度、民心相通度 5 个维度综合评价沿线国家参与“一带一路”国际合作水平，指数值越大，国际合作度越高。此外，衡量“一带一路”国际合作度的另外一个指标是“一带一路”沿线国家签署的双边投资协定（BIT）数量。BIT 是由两国政府签订的，旨在鼓励、促进和保护两国间投资的法律协定。BIT 促进了签约国之间的双边投资，显著增加了发展中国家的外资流入。

（3）金融发展水平

为衡量“一带一路”沿线国家金融发展水平（FD），本专著参考 Beck 和 Levine（2004）、Gennaioli et al.（2014）和 Kim et al.（2016）等文献做法，分别从信贷市场发展水平（CMD）和股票市场发展水平（SMD）两方面衡量：信贷市场发展水平，使用国内信贷总额占 GDP 的比值衡量；股票市场发展水平，使用股市市值占 GDP 的比值衡量。在回归分析中均取比值的对数值。

（4）金融结构

金融结构（FS）是指“一带一路”沿线国家中企业资金来源结构，为衡量一国企业更多使用银行信贷融资还是股权融资方式。本专著参考 Beck 和 Levine（2004）、Kim et al.（2016）、Luintel et al.（2008）、Yeh et al.（2013）、刘晓光等（2019）文献的方法构建金融结构的衡量指标，使用股票市场与银行市场的比值来反映企业股权融资相对于银行信贷融资的活跃程度。比值越高，说明该国企业融资的市场主导程度越高，反之，说明该国企业融资的银行主导程度越高。上述现有研究主要使用如下 3 种方式衡量金融结构：①基于行为的金融结构指标：用国内股票市值占 GDP 比重与银行信贷总额占 GDP 比重的比值衡量；②基于规模的金融结构指标：

用国内股票市值占 GDP 比重与存款货币银行的国内总资产占 GDP 比重之比衡量；③基于效率的金融结构指标：用股市效率与银行效率比值衡量。上述 3 个金融结构指标数值越大，说明该国越趋近于市场主导型的金融结构；数值越小，说明该国越趋近于银行主导型的金融结构。限于篇幅和数据的可得性，本专著实证分析使用基于行为的金融结构指标和基于规模的金融结构指标。

3. 控制变量

为探究“一带一路”国际合作对沿线国家外债风险的影响，根据理论基础和数据的可得性，本专著基于 Elgin 和 Uras（2013）、孙琳和陈舒敏（2015）的研究，分别选择反映国家经济因素和制度因素两方面的指标作为控制变量。

（1）经济因素指标：经济发展水平用人均 GDP 衡量，为使数据便于处理，使用人均 GDP 的自然对数。经济增长率用 GDP 年增长率表示，经济增长速度下降会给政府带来财政收入压力，政府为刺激经济增长，可能会采取减税等扩张性的财政政策，使得财政赤字更严重，此时为保持财政支出的可持续性，政府发行债券筹集资金，增加了政府债务负担。现有研究表明，经济发展速度影响国家外债风险，较高的 GDP（或人均 GDP）增长率可以降低国家债务危机发生的概率。通货膨胀率：用 GDP 平减指数来表示，通货膨胀率增高往往会导致国家支出增加，同时国家的收入短期内不易增加，导致政府收支缺口增大，债务增加，国家外债风险升高。现有研究指出，国家通货膨胀越严重，其债务偿还能力越低，国家外债风险越大。失业率：采用一国长期失业率指标，长期失业率越高，政府失业保险补贴支出越多，增加了政府债务风险，因此失业率对国家债务杠杆存在显著影响。

（2）制度因素指标：法律与秩序衡量了国家法律系统的效力和公正性，得分越高表示国家司法力度越强，违法行为会得到有效的惩治。政府稳定性表示国家政治社会环境的稳定程度，政治环境稳定程度较差，例如政权更迭，很可能导致新政府不认可前任政府留下的债务，从而引发债务违约。Citron 和 Nickelsburg（1987）使用政权更迭和政策变化作为衡量指标，研究了政治不稳定对债务违约的影响，发现政治稳定与债务违约呈负相关。本专著控制了可能对国家债务带来的影响的非正式制度指标，包括官僚主义和民主责任。本章使用的变量详见表 3.1。

4. 数据来源

BIT 数据来源是联合国贸易与发展委员会（UNCTAD）的 BIT 数据库。“一带一路”合作度指数数据来源是国泰安数据库。金融结构原始数据来自世界银行金融部门数据库。国家外债风险指标数据和控制变量中反映国家经济因素指标数据均来自世界银行数据库和国际货币基金组织（IMF）数据库。控制变量中反映制度因素指标数据来自美国政治风险服务集团提供的世界各国风险指南（International County Risk Guide，ICRG）。

根据数据的充分性和可得性，本研究依据中国社会科学院发布的《“一带一路”沿线国家工业化发展报告》，选取 65 个“一带一路”沿线国家，研究涵盖从 2008 年到 2017 年共计 10 年数据，剔除数据缺失的国家年份后，共计 500 个观测值。

表 3.1 变量定义

变量类型	变量名称	变量符号	具体定义
被解释变量	国家外债风险	Fordebt	国家某一年的外债总额除以国内生产总值的比值
		Debtserv	国家某一年的外债偿还额除以该年商品和服务出口总额的比值
		Intliq	国家某一年的官方储备总额除以平均进口商品金额和服务费用总额的比值

续表

变量类型	变量名称		变量符号	具体定义
解释变量	“一带一路”国际合作处理效应		D	若一国响应“一带一路”倡议，则 D=1，否则为 0
			T	2014 年当年及以后年度定义为 1，否则为 0
	国际合作度		BIT	“一带一路”国家签署的双边投资协定的总数
			BRI	国泰安数据库提供，从政策沟通度、设施联通度、贸易畅通度、资金融通度、民心相通度 5 个维度综合评价“一带一路”沿线国家参与“一带一路”国际合作水平，满分为 100 分，最低为 0 分，数值越大，国际合作度越高
	金融发展水平	信贷市场发展水平	CMD	国内信贷总额 /GDP
		股票市场发展水平	SMD	股票市场总市值 /GDP
	金融结构	基于行为的金融结构	FS1	国内股票市值 /GDP 与银行信贷总额 /GDP 的比值
		基于规模的金融结构	FS2	国内股票市值 /GDP 与存款货币银行的国内总资产 /GDP 的比值
控制变量	经济因素	经济发展水平	Econ	人均 GDP 取自然对数
		经济增长率	Growth	GDP 年增长率
		通货膨胀率	Infl	GDP 平减指数
		失业率	Unem	长期失业率指标
	制度因素	法律与秩序	Law	ICRG 法律与秩序指数
		政府稳定性	Stab	ICRG 政府稳定性指数
		官僚主义	Bureau	ICRG 官僚主义指数
		民主责任	Democ	ICRG 民主责任指数

二、检验模型设计

DID 方法是由 Ashenfelteih 学者率先由自然科学领域引入西方经济学界，此后逐渐被国内外学者应用于评估政策效果。DID 方法的主要做法为：将在某时期颁布的某项政策视为一次外部的政策冲击，据此将研究样本分为“实验组”（Treatment Group）和“控制组”（Control Group），其中“实验组”是受到政策冲击的样本观测值，即该组成员在该时期受到了外部政策影响，而“控制组”是未受到政策影响的一组，与“实验组”形成对照。DID 模型是通过对比“实验组”和“控制组”在政策实施时点前后变化的差异来准确评估政策效果，达到检验目的。DID 模型适用于面板数据，该方法可以控制样本间存在的难以观测的异质性和随时间变化的难以观测的因素的影响，能够解决经济领域普遍存在的内生性问题，更客观地评价政策效果。需要注意的是，DID 方法的使用是建立在一系列重要假设基础上的，一个重要前提是政策本身必须是外生的，不能与模型中的残差有相关性。从“一带一路”倡议影响沿线国家债务风险来看，“一带一路”倡议本意是以促进共同发展、实现共同繁荣的合作共赢为目标，充分依靠沿线国家的双边多边合作机制，搭建更大范围、更高水平、更深层次的区域合作平台，国家债务水平的变化是一起完全的外生事件，因此本章节对于实验组和控制组的样本选择具有随机性，能够避免内生性问题。

根据本章的研究内容，为检验“一带一路”国际合作是否降低了沿线国家的外债风险，本章构建双重差分模型如下：记 Risk 为国家外债风险，T=1 为共建“一带一路”倡议提出之后，T=0 则为共建“一带一路”倡议提出之前；D=1 为该国家是“一带一路”沿线国家，D=0 则为非“一带一路”沿线国家；据此，本章构建的双重差分模型如下：

$$Risk_{it} = \alpha D_i + \beta T + \gamma(D_i \times T) + \mu_{it} \qquad (3.1.1)$$

在模型（3.1.1）中对时间进行差分，得到模型（3.1.2）如下：

$$\Delta Risk_i = \beta + \gamma D_i + \Delta\mu_{it} \tag{3.1.2}$$

对模型（3.1.2）再次差分，取期望如下：

$$E(\Delta Risk_1 - \Delta Risk_0) = \gamma \tag{3.1.3}$$

模型（3.1.3）中的γ即为本章需要估计的处理效应。用图 3.6 表示：

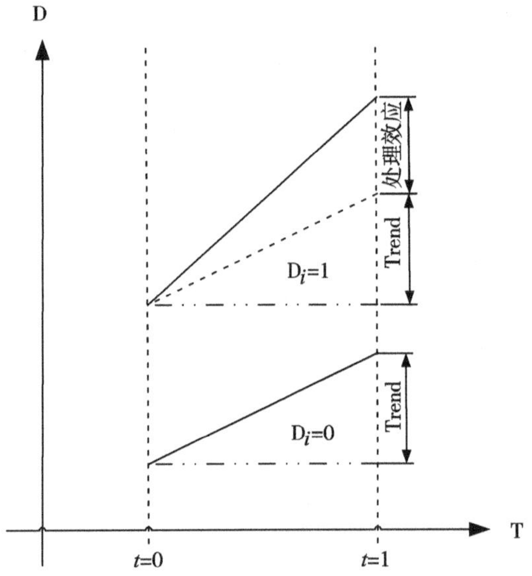

图 3.6　双重差分模型估计的处理效应

综上，为了检验假设 3–1，本章构造如下模型：

为了检验"一带一路"国际合作度降低了沿线国家外债风险，并且验证国家经济发展的中介效应，本章使用 Hayes（2013）提出的 Bootstrap 法进行中介效应检验，构建了模型 3.2、模型 3.3.1 和模型 3.3.2：

$$Risk_{it} = \beta_0 + \beta_1 Coop_{it} + \beta_2 Growth_{it} + \beta_3 Inf_{it} + \beta_4 Unem_{it} + \beta_5 Law_{it} + \beta_6 Stab_{it} + \beta_7 Bureau_{it} + \beta_8 Democ_{it} + \varepsilon_{it} \tag{3.2}$$

$$Econ_{it} = \beta_0 + \beta_1 Coop_{it} + \beta_2 Growth_{it} + \beta_3 Inf_{it} + \beta_4 Unem_{it} + \beta_5 Law_{it} + \beta_6 Stab_{it} + \beta_7 Bureau_{it} + \beta_8 Democ_{it} + \varepsilon_{it} \tag{3.3.1}$$

$$Risk_{it} = \beta_0 + \beta_1 Coop_{it} + \beta_2 Econ_{it} + \beta_3 Growth_{it} + \beta_4 Inf_{it} + \beta_5 Unem_{it} + \beta_6 Law_{it} + \beta_7 Stab_{it} + \beta_8 Bureau_{it} + \beta_9 Democ_{it} + \varepsilon_{it} \quad (3.3.2)$$

其中，$Coop$ 是主要测试的变量，根据研究假设 3–2 和 3–3，预期自变量 $Coop$ 系数显著为负。

中介变量检验常见方法是 Baron 和 Kenny（1986）的逐步法，然而部分现有研究质疑逐步法，原因是使用逐步法极易产生统计检验中第一类错误，即“拒真”错误，因而不容易检验到中介效应显著，检验力度较低。相比而言，Bootstrap 检验力度更强，同时 Bootstrap 法从样本中有放回地重复取样以产生出许多样本，更适合研究样本数量较少的情况。

为了检验研究假设 3–4：“一带一路”沿线国家金融发展水平越高，国际合作度对国家外债风险的防范作用越强，本章构建了如下 OLS 线性回归模型：

$$Risk_{it} = \beta_0 + \beta_1 Coop_{it} + \beta_2 FD_{it} + \beta_3 Coop_{it} FD_{it} + \beta_4 Growth_{it} + \beta_5 Inf_{it} + \beta_6 Unem_{it} + \beta_7 Law_{it} + \beta_8 Stab_{it} + \beta_9 Bureau_{it} + \beta_{10} Democ_{it} + \varepsilon_{it} \quad (3.4)$$

其中，交乘项用以检验国际合作度与金融发展水平的交互影响，检验在更完善的金融发展水平下，国际合作对国家外债风险的防范作用是否被加强。

为了检验研究假设 3–5：在“一带一路”沿线国家中，市场主导型金融结构加强了国际合作度对国家外债风险的防范作用。本章构建了如下 OLS 线性回归模型：

$$Risk_{it} = \beta_0 + \beta_1 Coop_{it} + \beta_2 FS_{it} + \beta_3 Coop_{it} FS_{it} + \beta_4 Growth_{it} + \beta_5 Inf_{it} + \beta_6 Unem_{it} + \beta_7 Law_{it} + \beta_8 Stab_{it} + \beta_9 Bureau_{it} + \beta_{10} Democ_{it} + \varepsilon_{it} \quad (3.5)$$

其中，交乘项用以检验国际合作度与金融结构的交互影响，检验市场主导型金融结构是否加强了国际合作对国家外债风险的防范作用。

第四节　实证结果与分析

一、描述性统计分析

表 3.2 报告了变量的全样本描述性统计数据结果。从表中可以看到，“一带一路”国际合作处理效应变量 D 的均值为 0.427，即有 42.7% 的样本国家在“一带一路”倡议提出之后参与了“一带一路”国际合作。由于“一带一路”倡议真正实施是在 2014 年的政府工作报告之后，本章节参照曹伟等（2019）的方法，将 2014 年定义为“一带一路”国际合作的时间界限，按照年度为时间单位，基于 2014 年前后 4 年数据，即 2010 年到 2017 年共计 8 年的数据，将实验组和控制组的指标进行比较。表 3.3 报告了实验组和控制组各变量的描述性统计数据结果。通过对比分析发现：实验组的国家外债风险较高，而控制组的国家外债风险较低，此外，实验组和控制组的经济发展水平、经济增长率、通货膨胀率、失业率、法律与秩序、政府稳定性、官僚主义和民主责任等方面也有所不同，因此在模型设计中对这些变量予以控制。

表 3.2　变量的描述性统计

	Min	Max	Mean	Stdev
Fordebt	0.000	50.000	21.114	11.905
Debtserv	0.000	50.000	4.041	7.364
Intliq	0.000	50.000	31.982	14.061
T	0.000	1.000	0.500	0.500
D	0.000	1.000	0.427	0.495
Econ	2.307	7.949	4.901	1.047
Growth	–37.147	25.557	3.027	4.163
Infl	–26.866	75.201	4.322	7.999
Unem	0.000	27.466	7.139	5.098
Law	1.000	6.000	3.791	1.257

续表

	Min	Max	Mean	Stdev
Stab	4.583	11.208	7.206	1.128
Bureau	0.000	4.000	2.342	1.051
Democ	0.000	6.000	4.206	1.571

表 3.3 2010~2017 年实验组和控制组描述性统计对比分析

	控制组		实验组	
	Mean	No. of obs	Mean	No. of obs
Fordebt	19.959	536	22.662	384
Debtserv	3.588	536	4.648	384
Intliq	39.307	536	22.167	384
Econ	4.864	536	4.953	384
Growth	3.081	536	2.954	384
Infl	4.811	536	3.668	384
Unem	7.389	536	6.805	384
Law	3.814	536	3.759	384
Stab	7.079	536	7.380	384
Bureau	2.482	536	2.150	384
Democ	4.594	536	3.675	384

表 3.4 “一带一路”国际合作度指数

排名	国家	总得分	类型	排名	国家	总得分	类型
1	俄罗斯	85.09	深度合作	33	以色列	39.98	有待加强
2	哈萨克斯坦	81.25		34	马尔代夫	38.63	
3	泰国	74.01	快速推进	35	约旦	38.39	
4	巴基斯坦	72.40		36	土库曼斯坦	37.71	
5	印度尼西亚	71.33		37	罗马尼亚	37.43	
6	越南	70.74		38	科威特	36.81	
7	马来西亚	69.89		39	阿塞拜疆	36.66	
8	新加坡	69.22		40	格鲁吉亚	35.94	
9	蒙古国	67.62		41	保加利亚	34.17	

续表

排名	国家	总得分	类型	排名	国家	总得分	类型
10	老挝	65.98		42	文莱	33.27	
11	土耳其	62.45		43	斯洛伐克	32.42	
12	波兰	61.82		44	巴林	30.82	
13	缅甸	61.43		45	亚美尼亚	30.34	
14	斯里兰卡	61.34		46	阿富汗	30.00	
15	柬埔寨	60.98		47	阿曼	27.10	
16	阿联酋	58.26	逐步拓展	48	伊拉克	25.83	有待加强
17	埃及	57.99		49	斯洛文尼亚	25.22	
18	印度	57.74		50	克罗地亚	24.89	
19	吉尔吉斯斯坦	57.22		51	立陶宛	24.87	
20	白俄罗斯	56.58		52	阿尔巴尼亚	24.50	
21	伊朗	56.43		53	东帝汶	24.33	
22	塔吉克斯坦	53.40		54	爱沙尼亚	23.79	
23	沙特阿拉伯	51.66		55	黑山	22.31	
24	匈牙利	51.49		56	黎巴嫩	22.20	
25	卡塔尔	49.32		57	拉脱维亚	21.67	
26	乌兹别克斯坦	49.10		58	马其顿	21.52	
27	尼泊尔	47.73		59	叙利亚	20.75	
28	捷克	47.05		60	摩尔多瓦	19.26	
29	菲律宾	46.33		61	也门	18.73	
30	孟加拉国	46.32		62	波黑	16.83	
31	乌克兰	43.75		63	巴勒斯坦	13.66	
32	塞尔维亚	42.68		64	不丹	8.67	
均分	43.55						

数据来源：国家信息中心。

表 3.4 为"一带一路"国际合作度评价报告数据，由数据可知：参与"一带一路"国际合作程度最高的 5 个国家分别是俄罗斯、哈萨克斯坦、泰国、巴基斯坦和印度尼西亚。总得分在 80 分以上的国家共 2 个（占 3.13%），包括俄罗斯和哈萨克斯坦，属于深度合作类型；得分在 60 到 80 分之间的国家共有 13 个（占比 20.31%），属于快速推进型；得分在 40 到 60 分之间的国家共有 17 个（占比 26.56%），属于逐步拓展型；得分在 40

分以下的国家有 32 个（占比 50%），属于待加强型；平均得分是 43.55 分。

表 3.5 列示了“一带一路”沿线国家变量的描述性统计结果，变量的均值与中位数临近，说明就基本特征而言，该样本趋于正态分布。“一带一路”沿线国家参与双边和多边合作程度差异较大：其中，签订双边投资协定的数量最小值是 1，最大值是 119，平均值 52.456，标准差 23.101；参与“一带一路”多边合作的合作水平指数值最小值是 18.730，最大值是 85.050，平均值 45.419，标准差 18.800。经济发展水平中，最小值是 –37.147，最大值是 19.592，平均值 3.262，可知“一带一路”沿线国家经济发展水平差异较大。表 3.6 相关性分析结果显示，自变量相关系数均小于 0.6，不存在多重共线性问题。

表 3.5 “一带一路”沿线国家变量的描述性统计

	Min	Max	Mean	Median	Stdev
Fordebt	0.833	50.000	26.269	28.125	6.437
Debtserv	5.000	50.000	43.416	47.500	3.618
Intliq	0.833	50.000	27.279	30.000	8.274
BIT	1.000	119.000	52.456	49.000	23.101
BRI	18.730	85.050	45.419	45.035	18.800
CMD	1.185	2.195	1.514	1.716	0.386
SMD	0.586	2.437	1.514	1.530	0.386
FS1	0.001	2.672	0.317	0.169	0.410
FS2	0.039	2.845	0.805	0.698	0.579
Econ	–37.147	19.592	3.009	3.393	3.262
Growth	2.258	7.949	4.734	4.761	0.599
Infl	–26.866	75.201	5.420	3.539	5.577
Unem	0.136	24.000	6.996	4.949	3.274
Law	1.500	5.000	3.661	4.000	0.652
Stab	4.042	11.500	7.328	7.500	1.277
Bureau	0.167	6.000	3.629	4.000	0.915
Democ	1.000	4.000	2.026	2.000	0.475

表 3.6 相关系数矩阵

	Fordebt	Debtserv	Intliq	BIT	Coop	SMD	CMD	FS1	FS2	Econ	Growth	Infl	Unem	Law	Stab	Bureau	Democ
Fordebt	1																
Debtserv	0.548	1															
Intliq	0.375	0.311	1														
BIT	–0.106	–0.077	–0.024	1													
Coop	–0.365	–0.275	–0.160	0.286	1												
SMD	–0.437	–0.279	–0.411	–0.229	0.251	1											
CMD	–0.011	–0.184	–0.310	0.055	0.062	0.394	1										
FS1	–0.471	–0.175	–0.246	0.003	0.418	0.493	0.091	1									
FS2	–0.445	–0.204	–0.252	–0.296	0.185	0.772	–0.141	0.508	1								
Econ	–0.091	–0.214	–0.232	–0.131	0.328	–0.135	–0.021	–0.100	–0.106	1							
Growth	–0.092	–0.069	–0.024	–0.088	0.279	0.246	–0.018	0.263	0.305	0.179	1						
Infl	–0.051	–0.014	0.157	0.085	0.159	–0.159	–0.263	0.011	–0.046	–0.005	0.059	1					
Unem	0.283	0.321	0.055	0.234	–0.402	–0.495	–0.137	–0.227	–0.403	–0.057	–0.193	–0.033	1				
Law	0.094	0.084	0.026	0.190	–0.100	0.206	0.271	0.137	0.074	–0.174	–0.050	–0.131	–0.018	1			
Stab	–0.242	–0.106	0.012	–0.231	0.190	0.296	0.138	0.311	0.277	–0.049	0.195	–0.067	–0.144	0.249	1		
Bureau	0.027	0.065	–0.059	0.039	0.049	0.297	0.266	0.094	0.237	0.027	0.025	–0.281	0.046	0.430	0.080	1	
Democ	0.468	0.317	0.014	0.273	–0.293	–0.331	–0.132	–0.305	–0.229	0.021	–0.061	–0.132	0.368	–0.061	–0.481	0.311	1

二、回归结果分析

表 3.7 报告了模型 3.1 中“一带一路”国际合作对沿线国家债务风险的影响结果。当被解释变量为 Fordebt 和 Debtserv 时，T*D 的系数分别为 –0.022 和 –0.150，且分别在 10% 和 1% 的水平下显著。实证结果表明：“一带一路”沿线国家在加入“一带一路”国际合作之后，沿线国家外债风险显著降低，结果支持本章研究假设 3–1。此结论在后文稳健性检验中将进一步验证。

表 3.7 “一带一路”国际合作与沿线国家外债风险的回归结果

	Fordebt	Debtserv	Intliq
T	0.095**	–0.035	0.028
	(2.222)	(–0.789)	(0.767)
D	0.216***	0.183***	–0.585***
	(4.591)	(3.702)	(–14.691)
T*D	–0.022*	–0.150***	0.023
	(–1.715)	(–2.664)	(0.514)
Econ	–0.090***	–0.074**	–0.197***
	(–2.687)	(–2.100)	(–6.960)
Growth	0.061*	0.012	0.025
	(1.720)	(0.319)	(0.825)
Infl	0.037	–0.022	0.113***
	(1.038)	(–0.576)	(3.693)
Unem	0.200***	0.324***	0.046
	(5.584)	(8.640)	(1.529)
Law	0.291***	0.017	0.169***
	(6.637)	(0.369)	(4.538)
Stab	–0.128***	–0.083**	–0.053*
	(–3.492)	(–2.160)	(–1.717)
Bureau	–0.127***	0.066	–0.142***

续表

	Fordebt	Debtserv	Intliq
	(-2.643)	(1.301)	(-3.474)
Democ	0.305***	0.114**	0.151***
	(6.919)	(2.458)	(4.040)
R^2	0.285	0.213	0.487
Adj-R^2	0.274	0.200	0.479
F	24.625	16.673	58.584

注：括号内为标准差；*、**、*** 分别表示在 10%、5%、1% 的水平下显著。

表 3.8 报告了模型 3.2 国际合作度对沿线国家外债风险影响的回归结果。在回归（1）中，BRI 和 BIT 的回归系数分别为 -0.151 和 -0.124，且均在 1% 水平下显著为负；在回归（2）中，BRI 和 BIT 的回归系数均不显著；在回归（3）中，BRI 和 BIT 的回归系数分别为 -0.095 和 -0.094，分别在 10% 和 5% 水平下显著为负。实证结果表明：参与"一带一路"国际合作度越高，国家外债风险越低，实证结果支持研究假设 3-2。可以看出，参与"一带一路"国际合作并没有使"一带一路"沿线国家陷入所谓的"债务陷阱"，而是显著地降低了沿线国家外债风险。

表 3.8 "一带一路"国际合作度与沿线国家外债风险的回归结果

	(1) Fordebt		(2) Debtserv		(3) Intliq	
BRI	-0.151***		0.005		-0.095*	
	(-3.168)		(0.098)		(-1.710)	
BIT		-0.124***		-0.048		-0.094**
		(-3.017)		(-1.086)		(-2.000)
Growth	0.005	-0.004	0.058	0.060	-0.039	-0.044
	(0.112)	(-0.101)	(1.282)	(1.338)	(-0.809)	(-0.916)
Infl	0.012	0.002	0.064	0.068	0.209***	0.204***
	(0.294)	(0.045)	(1.452)	(1.556)	(4.446)	(4.377)
Unem	0.080*	0.132***	0.297***	0.297***	-0.060	-0.027
	(1.740)	(3.034)	(5.956)	(6.309)	(-1.118)	(-0.525)

续表

	(1) Fordebt		(2) Debtserv		(3) Intliq	
Law	0.228***	0.287***	0.149***	0.162***	0.021	0.062
	(5.008)	(6.155)	(3.000)	(3.202)	(0.389)	(1.149)
Stab	-0.008	-0.029	0.044	0.036	0.054	0.038
	(-0.172)	(-0.588)	(0.835)	(0.676)	(0.960)	(0.674)
Bureau	-0.207***	-0.248***	-0.053	-0.057	-0.038	-0.066
	(-4.289)	(-5.196)	(-1.002)	(-1.106)	(-0.676)	(-1.189)
Democ	0.471***	0.537***	0.284***	0.291***	0.118*	0.163***
	(8.878)	(10.325)	(4.917)	(5.167)	(1.910)	(2.692)
R^2	0.320	0.321	0.205	0.207	0.067	0.058
Adj-R^2	0.309	0.310	0.190	0.192	0.052	0.043
F	25.367	25.216	13.463	13.627	4.728	4.858

注：括号内为标准差；*、**、*** 分别表示在 10%、5%、1% 的水平下显著。

进一步对“一带一路”国际合作影响沿线国家外债风险的作用机制进行分析，表 3.9 报告了模型 3.3 中经济发展的中介作用的回归结果。在回归（1）中，加入经济发展这一中介因子后，BRI 系数从 -0.151 变为 -0.097，BIT 系数从 -0.124 变为 -0.052；在回归（2）中，加入经济发展这一中介因子后，BRI 系数从 -0.095 变为 -0.066，BIT 系数从 -0.095 变为 -0.061。Bootstrap 检验结果显示：当因变量为 Fordebt、自变量为 BRI 时，Econ 间接作用区间跨度为 -0.034 到 -0.010，不包括 0，说明经济发展的中介效应显著；Econ 直接作用区间跨度为 -0.157 到 -0.037，不包括 0，说明经济发展起到部分中介的作用。当因变量为 Fordebt、自变量为 BIT 时，Econ 间接作用区间跨度为 -0.578 到 -0.466，不包括 0，同样说明经济发展的中介效应显著；BIT 直接作用区间跨度为 -9.110 到 -1.923，不包括 0，也说明经济发展起到部分中介的作用。当因变量为 Intliq、自变量为 BRI 时，Econ 间接作用区间跨度为 -0.057 到 -0.008，不包括 0，说明经济发展的中介效应显著；Econ 直接作用区间跨度为 -0.057 到 -0.008，不包括 0，说明经济发展起到部分中介的作用。当因变量为 Fordebt、自变量为 BIT 时，Econ 间接作用区间跨度为 –1.850 到 –0.215，不包括 0，同样说明经济发展的中介效应显著；BIT 直接作用区间跨度为 –9.132 到 –0.080，不包括 0，也说明经济发展起到部分中介的作用。回归（1）和回归（2）回归结果和 Bootstrap 检验结果得到一致结论。实证结果表明：经济发展在国际合作度和沿线国家外债风险中起到部分中介效应，且中介效应显著，“一带一路”国际合作提高了沿线国家经济发展水平，进而降低国家外债风险，支持研究假设 3–3。

表 3.10 和表 3.11 报告了模型 3.4“一带一路”国际合作度与沿线国家金融发展水平的交互影响，检验了是否“一带一路”沿线国家金融发展水平越高，国际合作度对沿线国家外债风险的防范作用越强。具体而言，表 3.10 报告了“一带一路”国际合作度与沿线国家信贷市场发展水平的交互影响，实证结果显示：当被解释变量为 Fordebt 和 Debtserv 时，CMD 与 BIT 的交互项系数分别是 –0.047 和 –0.040，且均在 10% 水平下显著；CMD 与 BRI 的交互项系数分别是 –0.329 和 –0.172，且均在 1% 水平下显著。实证结果表明：“一带一路”沿线国家信贷市场越发达，国际合作度对沿线国家外债风险的防范作用越强。表 3.11 报告了“一带一路”国际合作度与沿线国家股票市场发展水平的交互影响，实证结果显示：当被解释变量为 Fordebt 和 Debtserv 时，SMD 与 BIT 的交互项系数分别是 –0.154 和 –0.108，回归结果分别在 1% 和 10% 水平下显著；当被解释变量为 Debtserv 和 Intliq 时，SMD 与 BRI 的交互项系数分别是 –0.228 和 –0.060，回归结果分别在 1% 和 10% 水平下显著。实证结果表明：“一带一路”沿线国家股票市场越发达，国际合作度对国家外债风险的防范作用越强。表 3.10 与表 3.11 报告的实证结果基本一致，支持研究假设 3–4：“一带一路”沿线国家金融发展水平越高，国际合作度对沿线国家外债风险的防范作用越强。

表 3.9 “一带一路”国际合作度、经济发展与沿线国家外债风险的回归结果

	(1) Fordebt		(2) Intliq	
BRI	−0.097***		−0.066*	
	(−3.168)		(−1.710)	
BIT		−0.052***		−0.061***
		(−3.017)		(−2.000)
Econ	0.609	0.046	−1.575***	−1.980***
	(1.360)	(0.108)	(−2.787)	(−3.650)
Growth	0.011	−0.01	−0.102	−0.115
	(0.112)	(−0.101)	(−0.809)	(−0.916)
Infl	0.016	0.002	0.305***	0.298***
	(0.294)	(0.045)	(4.446)	(4.377)
Unem	0.211*	0.349***	−0.171	−0.076
	(1.740)	(3.034)	(−1.118)	(−0.525)
Law	3.187***	3.998***	0.312	0.94
	(5.008)	(6.155)	(0.389)	(1.149)
Stab	−0.069	−0.24	0.489	0.346
	(−0.172)	(−0.588)	(0.960)	(0.674)
Bureau	−3.344***	−4.012***	−0.665	−1.156
	(−4.289)	(−5.196)	(−0.676)	(−1.189)
Democ	3.537***	4.030***	0.960*	1.323***
	(8.878)	(10.325)	(1.910)	(2.692)
R^2	0.327	0.326	0.083	0.085
F	25.367***	25.216***	4.728***	4.858***
间接作用	−0.012	−0.022	−0.032	−0.92
LLCI	−0.034	−0.578	−0.057	−1.850
ULCI	−0.010	−0.466	−0.008	−0.215
结论	显著	显著	显著	显著
直接作用	−0.097	−5.517	−0.066	−4.606
LLCI	−0.157	−9.110	−0.057	−9.132
ULCI	−0.037	−1.923	−0.008	−0.080
结论	部分中介	部分中介	部分中介	部分中介

注：（1）括号内为标准差；*、**、*** 分别表示在 10%、5%、1% 的水平下显著；（2）采取 Bootstrap 对经济发展的中介效应进行区间检验，设置循环次数为 500，LLCI 为 95% 置信区间的下限值，ULCI 为 95% 置信区间的上限值。

表 3.10 “一带一路”国际合作、信贷市场发展与沿线国家外债风险的回归结果

	Fordebt		Debtserv		Intliq	
CMD	0.113	0.050	0.058	0.014	0.019	0.054
	(1.341)	(1.158)	(1.085)	(0.275)	(0.335)	(0.973)
BIT	-0.098**		-0.058		-0.140***	
	(-2.272)		(-1.203)		(-2.731)	
CMD*BIT	-0.047*		-0.040*		-0.114	
	(-1.765)		(-1.805)		(-1.169)	
BRI		-0.184***		0.029		-0.075
		(-3.564)		(0.475)		(-1.122)
CMD*BRI		-0.329***		-0.172***		0.087
		(-8.308)		(-3.664)		(1.407)
Growth	-0.037	-0.017	0.038	0.038	-0.071	-0.074
	(-0.844)	(-0.413)	(0.788)	(0.792)	(-1.364)	(-1.405)
Infl	0.021	0.020	0.080	0.067	0.232***	0.229***
	(0.487)	(0.487)	(1.671)	(1.409)	(4.549)	(4.430)
Unem	0.179***	0.127***	0.331***	0.347***	0.015	-0.002
	(3.973)	(2.804)	(6.603)	(6.459)	(0.280)	(-0.034)
Law	0.236***	0.161***	0.138***	0.123**	0.030	0.000
	(5.155)	(3.715)	(2.709)	(2.394)	(0.558)	(0.005)
Stab	-0.034	-0.035	0.050	0.045	0.019	0.037
	(-0.669)	(-0.753)	(0.890)	(0.810)	(0.318)	(0.614)
Bureau	-0.219***	-0.117**	-0.068	-0.039	-0.077	-0.042
	(-3.868)	(-2.206)	(-1.085)	(-0.622)	(-1.154)	(-0.614)
Democ	0.515***	0.380***	0.276***	0.247***	0.189***	0.138**
	(9.370)	(7.135)	(4.513)	(3.921)	(2.900)	(2.015)
R^2	0.364	0.456	0.215	0.236	0.107	0.095
Adj-R^2	0.346	0.441	0.193	0.215	0.082	0.070
F	20.699	30.283	9.891	11.203	4.331	3.815

注：括号内为标准差；*、**、*** 分别表示在 10%、5%、1% 的水平下显著。

表 3.11 “一带一路”国际合作、股票市场发展与沿线国家外债风险的回归结果

	Fordebt		Debtserv		Intliq	
SMD	-0.393***	-0.262***	-0.154**	-0.030	-0.643***	-0.605***
	(-6.302)	(-4.536)	(-2.134)	(-0.461)	(-9.481)	(-9.589)
BIT	-0.140***		-0.070		-0.070	
	(-3.050)		(-1.322)		(-1.408)	
SMD*BIT	-0.154***		-0.108*		0.015	
	(-2.952)		(-1.800)		(0.268)	
BRI		-0.230***		0.087		-0.058
		(-4.008)		(1.324)		(-0.929)
SMD*BRI		-0.045		-0.228***		-0.060*
		(-0.918)		(-4.089)		(-1.717)
Growth	-0.114**	-0.117***	-0.045	-0.053	-0.023	-0.030
	(-2.353)	(-2.440)	(-0.816)	(-0.972)	(-0.443)	(-0.575)
Infl	-0.093**	-0.072	0.057	0.022	0.162***	0.157***
	(-2.000)	(-1.529)	(1.060)	(0.414)	(3.208)	(3.068)
Unem	0.024	-0.021	0.215***	0.221***	-0.236***	-0.256***
	(0.446)	(-0.396)	(3.453)	(3.607)	(-4.037)	(-4.375)
Law	0.174***	0.062	0.042	0.022	-0.028	-0.059
	(3.455)	(1.195)	(0.728)	(0.371)	(-0.508)	(-1.031)
Stab	0.095*	0.120**	0.142**	0.163**	0.070	0.083
	(1.651)	(2.105)	(2.144)	(2.506)	(1.128)	(1.331)
Bureau	-0.132**	-0.058	-0.036	0.012	0.238***	0.266***
	(-2.389)	(-1.073)	(-0.562)	(0.198)	(3.969)	(4.513)
Democ	0.459***	0.354***	0.326***	0.377***	-0.019	-0.041
	(7.480)	(5.430)	(4.603)	(5.077)	(-0.284)	(-0.581)
R^2	0.404	0.411	0.207	0.235	0.296	0.298
Adj-R^2	0.384	0.392	0.180	0.210	0.273	0.274
F	20.194	20.829	7.770	9.183	12.549	12.651

注：括号内为标准差；*、**、*** 分别表示在 10%、5%、1% 的水平下显著。

表3.12报告了模型3.5国际合作度与金融结构的交互影响，检验在“一带一路”沿线国家中，市场主导型金融结构是否加强了国际合作度对国家外债风险的防范作用。Panel A实证结果显示：当被解释变量为Fordebt时，FS1与BIT的交互项系数为–0.105，在1%水平下显著，FS1与BRI的交互项系数为–0.065，在10%水平下显著；当被解释变量为Debtserv时，FS1与BIT的交互项系数为–0.098，在10%水平下显著，FS1与BRI的交互项系数为–0.168，在5%水平下显著；当被解释变量为Intliq时，FS1与BIT的交互项系数为–0.015，在5%水平下显著，FS1与BRI的交互项系数为–0.082，在10%水平下显著。Panel B实证结果显示：当被解释变量为Fordebt时，FS2与BIT的交互项系数为–0.105，在5%水平下显著，FS2与BRI的交互项系数为–0.045，在10%水平下显著；当被解释变量为Debtserv时，FS2与BIT的交互项系数为–0.108，在5%水平下显著，FS2与BRI的交互项系数为–0.218，在5%水平下显著；当被解释变量为Intliq时，FS2与BIT的交互项系数为–0.004，在10%水平下显著，FS2与BRI的交互项系数为–0.058，在10%水平下显著。使用FS1和FS2两个指标衡量市场主导型金融结构所得回归结果一致说明：在“一带一路”沿线国家中，市场主导型金融结构起到了缓解沿线国家外债风险的作用，支持研究假设3–5。深入分析其可能原因：在风险控制方面，一方面市场主导型金融结构可以提供更多种类的风险管理工具，另一方面，市场主导型金融结构可以在一定程度上抑制银行主导结构导致的国内信贷过度扩张；在经济发展方面，市场主导型金融结构可以更有效和快速地形成最优资源配置，促进国家经济发展。

表 3.12 “一带一路”国际合作、金融结构与沿线国家外债风险的回归结果

Panel A						
	Fordebt		Debtserv		Intliq	
FS1	−0.340***	−0.212***	−0.165*	−0.675	−0.273***	−0.337***
	(−7.271)	(−5.146)	(−1.774)	(−0.110)	(−4.770)	(−5.583)
BIT	−0.159***		−0.117		−0.175*	
	(−2.856)		(−1.322)		(−1.808)	
FS1*BIT	−0.105***		−0.098*		−0.015**	
	(−2.718)		(−1.885)		(−2.268)	
BRI		−0.110***		−0.080*		−0.055
		(−3.108)		(−1.824)		(−0.727)
FS1*BRI		−0.065*		−0.168**		−0.082*
		(−1.898)		(−2.089)		(−1.828)
Unem	0.103**	0.034	0.243***	0.231***	−0.035	−0.112*
	(2.106)	(0.663)	(4.247)	(3.885)	(−0.578)	(−1.827)
Law	0.144***	0.104**	0.019	0.012	−0.055	−0.091
	(2.958)	(2.106)	(0.327)	(0.211)	(−0.919)	(−1.549)
Stab	0.148***	0.150***	0.157**	0.158**	0.115*	0.125*
	(2.604)	(2.593)	(2.361)	(2.365)	(1.653)	(1.813)
Bureau	−0.134***	−0.089*	−0.029	−0.021	0.091	0.149**
	(−2.648)	(−1.686)	(−0.486)	(−0.345)	(1.473)	(2.363)
Democ	0.448***	0.487***	0.326***	0.332***	0.098	0.121*
	(7.608)	(8.224)	(4.722)	(4.864)	(1.361)	(1.709)
R^2	0.415	0.395	0.194	0.193	0.120	0.141
Adj-R^2	0.399	0.378	0.172	0.171	0.096	0.117
F	25.975	23.918	8.804	8.781	5.003	5.998

Panel B						
	Fordebt		Debtserv		Intliq	
FS2	−0.222***	−0.209***	−0.036*	−0.024	−0.137***	−0.237***
	(−5.127)	(−4.914)	(−1.776)	(−1.092)	(−3.177)	(−4.253)
BIT	−0.119**		−0.066*		−0.075	
	(−1.996)		(−1.912)		(−1.540)	

续表

FS2*BIT	-0.105**		-0.108**		-0.004*	
	(-2.018)		(-1.988)		(1.768)	
BRI		-0.199***		0.167		-0.085
		(-3.908)		(1.524)		(-0.905)
FS2*BRI		-0.045*		-0.218**		-0.058*
		(-1.718)		(-2.089)		(-1.872)
Unem	0.301**	0.043	0.124***	0.203***	-0.029	-0.109*
	(2.061)	(0.538)	(3.727)	(3.685)	(-0.598)	(-1.797)
Law	0.104***	0.121**	0.028	0.021	-0.045	-0.081
	(2.658)	(2.161)	(0.227)	(0.121)	(-0.889)	(-1.649)
Stab	0.146***	0.143***	0.147**	0.154**	0.112*	0.176*
	(2.714)	(2.629)	(2.161)	(2.355)	(1.735)	(1.931)
Bureau	-0.144**	-0.097*	-0.092	-0.031	0.088	0.144**
	(-2.486)	(-1.718)	(-0.466)	(-0.453)	(1.373)	(2.236)
Democ	0.426***	0.485***	0.263***	0.302***	0.098*	0.110*
	(6.108)	(7.424)	(4.221)	(4.648)	(1.716)	(1.809)
R^2	0.409	0.390	0.184	0.181	0.118	0.140
Adj-R^2	0.389	0.369	0.168	0.160	0.099	0.121
F	23.197	22.918	7.984	7.781	4.899	6.117

注：括号内为标准差；*、**、*** 分别表示在 10%、5%、1% 的水平下显著。

三、稳健性检验

因“一带一路”国际合作影响沿线国家外债风险可能存在滞后性，实验组和控制组国家外债风险的变化有可能不是真正由“一带一路”国际合作这一外生事件导致的。为了解决模型中处理变量对产出变量的作用机制的排他性，本章节采用 Eissa 和 Liebman（1996）的安慰剂检验方法，将政策的实施时间前推，选取一个不受政策影响的样本区间，重新进行回归，以检验是否存在和本章节的假设类似的因果关系。因此，选取“一带一路”倡议提出之前的不受影响的年份进行回归，本章节假定“一带一路”倡议是在 2010 年 1 月 1 日提出，虚构一个实验组和控制组，虚拟实验期为 2010 年到 2011 年，虚拟对照期为 2008 年到 2009 年，即 2008 年到 2011 年 4 年共计 200 个样本观测值的面板数据对模型重新回归，采用与上文同样的 DID 模型，回归结果如表 3.13 所示：当因变量为 Fordebt、Debtserv 和 Intliq 时，处理效应 T*D 的系数均不显著，与文中主体部分的回归系数显著为负不同。回归结果表明："一带一路”国际合作降低了沿线国家的外债风险，本章研究结论稳健。

为缓解内生性问题，首先，本章在回归模型中通过控制国家层面的固定效应和纳入尽可能全面的控制变量，以降低变量遗漏可能带来的内生性问题。其次，考虑到国家间合作对国家外债风险的影响可能存在时间上的滞后效应，同时，也为了避免“一带一路”沿线国家外债风险对国际合作和国家经济发展可能存在的双向因果关系进而产生内生性问题，本章对被解释变量国家外债风险做了滞后一期的处理并且重新进行回归，表 3.14 报告了模型 3.2 “一带一路”国际合作度对沿线国家外债风险的影响的稳健性检验回归结果。当被解释变量为 Fordebt 时，BIT 和 BRI 的回归系数分别为 –0.112 和 –0.146，回归系数分别在 5% 和 1% 水平下显著为负，回归结果总体与本章研究结论一致。

表 3.13 安慰剂检验：“一带一路”国际合作与沿线国家外债风险的回归结果

	Fordebt	Debtserv	Intliq
T	–0.007	–0.051	0.019
	(–0.092)	(–0.670)	(0.299)
D	0.202**	0.239***	–0.636***
	(2.461)	(2.875)	(–9.249)
T*D	0.013	–0.069	0.055
	(0.139)	(–0.729)	(0.703)

续表

	Fordebt	Debtserv	Intliq
GDPp	-0.052	-0.081	-0.198***
	(-0.900)	(-1.394)	(-4.102)
Growth	0.002	-0.030	-0.050
	(0.035)	(-0.420)	(-0.832)
Infl	-0.064	-0.048	0.101*
	(-1.013)	(-0.742)	(1.891)
Unem	0.204***	0.388***	0.028
	(3.124)	(5.868)	(0.519)
Law	0.295***	0.083	0.117*
	(3.958)	(1.102)	(1.875)
Stab	-0.165**	-0.068	-0.055
	(-2.563)	(-1.046)	(-1.022)
Bureau	-0.160*	0.000	-0.074
	(-1.794)	(0.005)	(-0.996)
Democ	0.279***	0.110	0.144**
	(3.520)	(1.374)	(2.166)
R^2	0.307	0.290	0.512
Adj-R^2	0.273	0.254	0.488
F	8.799	8.098	20.812

注：括号内为标准差；*、**、*** 分别表示在 10%、5%、1% 的水平下显著。

表 3.14 "一带一路"国际合作度与国家外债风险的稳健性检验回归结果

	Fordebt		Debtserv		Intliq	
BRI	-0.112**		-0.032		0.051	
	(-2.015)		(-0.534)		(0.830)	
BIT		-0.146***		-0.039		-0.255***
		(-2.641)		(-0.660)		(-4.207)
Growth	0.040	0.036	0.105**	0.104**	-0.026	-0.018
	(0.855)	(0.779)	(2.102)	(2.084)	(-0.488)	(-0.343)
Infl	0.039	0.038	0.099**	0.098**	0.119**	0.163***

续表

	Fordebt		Debtserv		Intliq	
	(0.840)	(0.835)	(1.996)	(2.008)	(2.289)	(3.244)
Unem	0.046	0.006	0.210***	0.200***	-0.003	-0.162***
	(0.873)	(0.106)	(3.738)	(3.262)	(-0.053)	(-2.582)
Law	0.243***	0.238***	0.149***	0.148***	0.037	-0.010
	(4.732)	(4.651)	(2.719)	(2.701)	(0.646)	(-0.180)
Stab	0.057	0.043	0.037	0.034	0.159***	0.140**
	(1.067)	(0.806)	(0.650)	(0.582)	(2.652)	(2.367)
Bureau	-0.189***	-0.181***	0.006	0.008	-0.096	-0.036
	(-3.465)	(-3.312)	(0.097)	(0.130)	(-1.569)	(-0.605)
Democ	0.473***	0.495***	0.236***	0.242***	0.153**	0.140**
	(8.077)	(8.647)	(3.777)	(3.953)	(2.341)	(2.231)
R^2	0.251	0.257	0.147	0.147	0.064	0.101
Adj-R^2	0.235	0.240	0.128	0.129	0.043	0.081
F	15.407	15.835	7.894	7.914	3.125	5.141

注：括号内为标准差；*、**、*** 分别表示在 10%、5%、1% 的水平下显著。

此外，本章进一步使用 ICRG 提供的金融风险指标当作衡量国家外债风险的代理变量，该指标具体从外债负债率、汇率稳定性、外债占出口比率、经常性账户占出口比率和国际流动性风险等 5 个方面综合衡量国家的金融风险，对衡量国家外债风险有一定预测作用。表 3.15 报告了“一带一路”国际合作度与沿线国家外债风险的稳健性检验回归结果，回归结果支持本章节研究假设。

表 3.15 “一带一路”国际合作度与沿线国家外债风险的稳健性检验回归结果

Variable	Financial risk	
BRI	-0.064*	
	(-1.718)	
BIT		-0.168***
		(-3.326)

续表

Variable	Financial risk	
Growth	-0.054	-0.057
	(-1.217)	(-1.290)
Infl	0.155***	0.161***
	(3.507)	(3.689)
Unem	0.242***	0.090*
	(4.856)	(1.683)
Law	0.184***	0.168***
	(3.777)	(3.471)
Stab	0.044	-0.034
	(0.861)	(-0.674)
Bureau	-0.273***	-0.236***
	(-5.271)	(-4.513)
Democ	0.482***	0.424***
	(8.679)	(7.767)
R^2	0.327	0.303
Adj-R^2	0.312	0.289
F	22.301	22.936

注：括号内为标准差；*、**、*** 分别表示在 10%、5%、1% 的水平下显著。

第五节　本章小结

自经济危机以来，国际贸易和投资增速减缓，贸易保护主义势力抬头，面对国际合作治理的缺失和国际性公共产品供给的缺乏，中国适时地提出了“一带一路”倡议，力图促进国家间多边和双边合作，增加国际投资和贸易，促进国际金融开放合作，带动世界经济增长。然而，在中国积极推进国际合作的过程中，国际上出现了评判“一带一路”倡议为“债务陷阱”的言论，给“一带一路”国际合作的进一步推进和发展造成了困扰。

由此，本章基于“一带一路”65个国家2008~2017年数据为样本，研究“一带一路”沿线国家在加入“一带一路”国际合作后，并没有如所谓的“债务陷阱论”所言，相反，“一带一路”国际合作缓解了沿线国家的外债风险。同时，研究发现，“一带一路”国际合作度越高的国家，其外债风险越低，潜在影响路径之一是国际合作通过促进沿线国家经济发展进而降低其外债风险。这一结果符合区域经济一体化理论和资源配置理论，区域或国家之间建立投资贸易政策，共同打造区域性经济联合体，促进从要素自由流动到市场深度融合，建立从双边金融机构合作到公共融资平台，国家间资金融通作为一种资源配置的手段，可以实现资源在更大范围内的整合与配置，促进区域和国家的经济增长。“一带一路”国际合作通过促进沿线国家经济发展，一方面可以增加财政盈余，进而缓解债务依赖度，降低债务需求，另一方面，“一带一路”项目大多投资于基础设施建设，减少沿线国家在基础设施建设上的投入，减轻了国家债务负担。本章同时也为鼓励沿线国家积极加入“一带一路”国际合作提供经验证据。

进一步研究发现：“一带一路”沿线国家金融发展水平越高，国际合作度对国家外债风险的防范作用越强；市场主导型金融结构加强了“一带一路”国际合作度对沿线国家外债风险的防范作用。因此，本章基于国家外债风险视角倡导“一带一路”沿线国家关注金融发展，优化金融结构，加强股票市场等直接融资市场的发展，丰富直接融资工具，促进资源优化配置，防范国家外债风险。同时，应该注意的是，优化推进股票市场发展不是靠单纯的扩大规模，而是要增强股市效率，提高直接融资在服务实体经济过程中的积极作用。同时，关注金融发展、优化金融结构也不仅是发展股票市场，信贷市场的改革与优化，也要关注增强信贷市场在优化资源配置中起到的作用。

本章分析“一带一路”国际合作对沿线国家经济发展和债务风险的影响，厘清了“一带一路”倡议的重要价值。研究结论有如下政策启示：第一，继续推进“一带一路”倡议的国际传播，联合“一带一路”国际合作度较高的国家共同开展共建“一带一路”倡议的宣传工作，通过展示迄今为止“一带一路”国际合作得到的丰硕成果，使“一带一路”合作共赢的理念深入人心；第二，鼓励统计和科研机构进行“一带一路”债务问题的相关研究，持续为“一带一路”发展提供理论和数据支撑；第三，建立和强化“一带一路”债务可持续性分析和预警机制，提示沿线国家在资金融通过程中存在的潜在债务风险，以推进“一带一路”高质量发展；第四，国家外债风险的影响因素十分复杂，其中正式制度和非正式制度因素都应该纳入考虑，例如“一带一路”沿线区域债务问题可能受到价值观、宗教、语言等文化因素的影响，因此，对沿线国家的债务风险的分析和评估应该综合考虑其实际国情和发展需求。本书下一章将重点考察文化特征对沿线国家外债风险的影响机理。

第四章 “一带一路”沿线国家文化特征对国家外债风险的影响研究

第一节 研究问题的提出

新制度主义将价值观、习俗、潜规则等一系列因素纳入制度的框架，将制度分为正式制度和非正式制度，其中，非正式制度是人们在长期的社会活动中逐步形成的习俗、惯例、文化等对人们行为产生非正式约束的共享的规则。文化特征是非正式制度的一个重要方面，对于文化的定义和内涵，学术界至今没有统一的解释。Triandis（1996）回顾、归纳和总结了大量学者对文化的定义后发现，大多数学者对文化定义存在一定共识，即将文化看作在一段较长时期，某个地理区域内，同一语言群体中的个体在信仰、认知、评价、沟通和行为中体现出的一系列共同特征，文化包括社会价值观、宗教和语言等因素，体现了人们内在的价值信念、伦理规范、道德观念、风俗习惯、意识形态等方面，可以代代相传，具有持久的生命力，因此受到学术界的关注。其中，价值观作为非正式制度中文化的重要组成部分，是社会中通用做法和规范的基础，是判断是非对错的根据。价值观决定了一个人的行为和对世界的看法，所有社会在调节人类活动时都会遇到一些相似的基本问题，如何处理这些问题体现了不同的社会价值观，而衡量文化的核心维度源于这些问题，因此可以通过衡量这些维度来描述不同国家文化特征。此外，宗教文化可以体现群体的价值观念、伦理规范、思想信念和风俗习惯等特征。而语言不仅是沟通交流的工具，更是不同文化、观念和偏好的载体，承载着习俗、认知和预期系统等特征，也是决定国家社会及个体的观念和偏好的关键因素之一。鉴于文化特征变量的可度量性和数据的可获得性，本专著基于现有文化的定义和内涵，具体选取社会价值观、宗教文化特征和语言多样性 3 方面衡量“一带一路”沿线国家文化特征。

一、社会价值观与国家外债风险

在响应“一带一路”倡议过程中，沿线国家在加强互联互通的同时也加深了风险的联系，国家外债风险作为一个重要方面值得关注。国家外债是政府作为借债主体所形成的债务，所得资金在满足债务国需求的同时，也会因外债规模的增大和宏观经济条件的变化而产生不能按时偿还债务的风险。据国际货币基金组织统计，自 1824 年到 2004 年，全球共计发生了 250 余起国家债务违约事件，给世界经济带来了巨大影响。其中，近 30 年来规模较大的国家债务危机包括以墨西哥为代表的拉丁美洲债务危机、俄罗斯债务危机、阿根廷债务危机和正在持续的欧洲国家债务危机，其中新兴市场国家和发展中国家是债务危机高发地区。“一带一路”沿线国家主要是发展中国家和新兴市场国家，在扩大合作的过程中，国家外债风险值得关注和研究，为沿线国家之间资金融通过程中的金融风险防范提供更好的依据。

那么，影响国家外债风险的因素包括什么？不可否认，一国的宏观经济因素和正式制度因素是影响国家外债风险的基本因素和首要原因，而非正式制度作为正式制度的补充，对国家外债风险的影响也是不可忽视的，其中文化正是非正式制度的重要组成部分。在主流经济学和金融学理论中，假设代理人完全知情、理性、具有相同信念和偏好，寻求使所有缔约方利益一致的契约，对信息不对称、代理成本和道德风险做出最佳反应。然而，实际情况中代理人是有限理性的，合同是不完整的，因此，习惯、观念和道德规范等文化特征常常被作为实践中决策的基础和依据，其对经济的重要影响已得到了广泛支持。

越来越多的研究发现，文化对资本结构和债务成本有显著影响。例如，Sekely 和 Collins（1988）较早指出了文化差异在解释 23 个国家的公司资本结构差异方面起到重要的作用。Chui et al.（2016）基于 33 个国家数据，指出文化维度影响公司债务成本。Wang 和 Esqueda（2014）指出，国家文化影响所在地区企业的杠杆率，其中在个人主义价值观占据主体地位的地区中，企业的杠杆率较高，而在长期导向价值观占据主体地位的地区中，企业的杠杆率较低。现有文献集中于公司层面讨论文化价值观对债务风险的影响，而较少关注国家层面的价值观。并且关于文化价值观的经济影响研究大多是基于传统经济学角度，从信息不对称和交易成本方面分析其影响机制，而较少从不同文化背景下社会差异角度考虑文化价值观对风险偏好和风险感知的影响，即不同文化背景社会如何看待世界、如何互动以及如何追求合适的目标进而影响债务风险。鉴于“一带一路”沿线国家之间的社会价值观差异，本章基于 Hofstede et al.（2010）的国家文化维度，选取其中体现社会价值观的 3 个维度，包括个人主义—集体主义、长期导向—短期导向和不确定性规避，从不同文化背景下社会差异角度来分析社会价值观对国家外债风险的影响。

二、宗教文化特征与国家外债风险

Berg 和 Sachs（1998）将债务危机比喻成一种传染病，而将防范和化解危机比作预防和治疗疾病的过程。国家的政策、法律、经济体制等如同预防治疗技术，最直接地影响了疾病的防治效果。与此同时，具体执行过程中有效的沟通和决策也至关重要，而宗教产生的影响十分微妙，它常常与信息的交流、沟通的意愿、相互信任以及动机的归因联系在一起，因而对人们价值观念、沟通方式和决策效率产生显著影响，而“一带一路”沿线国家和地区大多数是多宗教聚集地，三大宗教包括伊斯兰教、佛教、基督教都发源于此并流传世界，世界主要的伊斯兰国家都在“一带一路”倡议战略规划所覆盖的范围，在这些国家里，宗教不仅是信仰问题，更是国家政治经济和社会文化的核心。

表 4.1 列示了“一带一路”沿线国家信徒数量最多的宗教分布情况。“一带一路”沿线 65 个国家，伊斯兰教信徒最多的国家有 26 个，数量最多，包括阿塞拜疆、巴林、孟加拉国、文莱、埃及、印度尼西亚、伊朗、伊拉克、约旦、科威特、马来西亚、阿曼、巴基斯坦、卡塔尔、沙特阿拉伯、叙利亚、土耳其、阿联酋、也门、阿富汗、波黑、吉尔吉斯斯坦、巴基斯坦、塔吉克斯坦、乌兹别克斯坦、土库曼斯坦等。其次是基督教国家有 24 个，包括亚美尼亚、白俄罗斯、保加利亚、克罗地亚、捷克、爱沙尼亚、匈牙利、哈萨克斯坦、拉脱维亚、黎巴嫩、立陶宛、摩尔多瓦、菲律宾、波兰、罗马尼亚、俄罗斯、塞尔维亚、塞尔维亚黑山、斯洛伐克、斯洛文尼亚、乌克兰、格鲁吉亚、前南斯拉夫马其顿、东帝汶等。

表 4.1　“一带一路”沿线国家宗教分布

宗　教	国　家
犹太教（1 国）	以色列
基督教（24 国）	亚美尼亚、白俄罗斯、保加利亚、克罗地亚、捷克、爱沙尼亚、匈牙利、哈萨克斯坦、拉脱维亚、黎巴嫩、立陶宛、摩尔多瓦、菲律宾、波兰、罗马尼亚、俄罗斯、塞尔维亚、塞尔维亚黑山、斯洛伐克、斯洛文尼亚、乌克兰、格鲁吉亚、前南斯拉夫马其顿、东帝汶
伊斯兰教（26 国）	阿塞拜疆、巴林、孟加拉国、文莱、埃及、印度尼西亚、伊朗、伊拉克、约旦、科威特、马来西亚、阿曼、巴基斯坦、卡塔尔、沙特阿拉伯、叙利亚、土耳其、阿联酋、也门、阿富汗、波黑、吉尔吉斯斯坦、巴基斯坦、塔吉克斯坦、乌兹别克斯坦、土库曼斯坦
佛教（9 国）	蒙古、缅甸、斯里兰卡、泰国、越南、不丹、柬埔寨、老挝、马尔代夫
印度教（2 国）	印度、尼泊尔
其他宗教（3 国）	阿尔巴尼亚、新加坡、中国

不同宗教的价值观念、伦理规范、思想信念和风俗习惯均存在差异，那么，当国家内部多种宗教共存时，信仰碰撞会带来什么经济后果，宗教多样性是否会引发债务风险，这是我们着重探讨的问题。一方面，不同宗

教的文化、风险偏好存在显著差异，会导致沟通不顺畅，信息不对称程度高，交易成本高；另一方面，不同宗教的信仰和价值观不同，容易引发分歧和争端的产生，这种分歧不仅会导致经济决策失误，更有甚者，会引发暴力突出和内战，而这些最终会引发深层次的经济问题，导致国家外债风险升高。深入分析宗教文化特征可以发现，除宗教大类别外，各宗教内部的派系也存在分歧。现有宗教经济学的实证研究极少细化到内部派系，但是这类问题在“一带一路”沿线许多国家非常重要，例如历史上伊斯兰教的逊尼派和什叶派的争端，因此同样需要纳入考量。

表 4.2 列示了“一带一路”沿线国家宗教派系分类。例如，伊斯兰教主要分为逊尼派、什叶派、哈瓦立及派、阿赫迈底亚派等，其中逊尼派又包括哈乃斐派、罕百里派、马利基教派、沙菲耶等。由于“一带一路”沿线地区具有较浓重的宗教色彩，而宗教文化特征又是文化特征的重要组成部分，因此，本章节以 65 个“一带一路”国家 2008 ~ 2017 年数据为样本，细化到宗教具体派系，从宗教多样性、宗教制衡度、宗教和谐度 3 个方面，展开宗教文化特征对国家外债风险影响的实证研究。

表 4.2 “一带一路”沿线国家宗教派系分类

宗 教	派 系	
犹太教	正统派	
	保守派	
	改革派	
基督教	东正教	
	罗马天主教	
	圣公教	
	新教	浸礼宗
		路德宗
		卫斯理宗
		长老教

续表

宗 教	派 系	
伊斯兰教	逊尼派	哈乃斐派
		罕百里派
		马利基教派
		沙非耶
	什叶派	十二伊玛目
		七伊玛目
		五伊玛目
	哈瓦立及派	易巴迪派
	阿赫迈底亚派	
佛教	大乘佛教	藏传佛教
		东亚佛教
	上座部佛教	老挝佛教
		大部派
		暹罗
印度教	性力派	
	湿婆派	
	毗湿奴派	
民间宗教		

三、语言多样性与国家外债风险

语言作为非正式制度中文化的一种表征符号，承载着习俗、认知和预期系统等特征，是决定国家社会及个体的价值观念和偏好的关键因素之一。语言多样性会对国家内战、收入再分配、公共物品和治理、经济增长等方面产生影响，而这些影响或许可以给为什么美国社会福利水平低于欧洲，为什么一些非洲国家更容易爆发内战，为什么有的国家发展速度低于其他国家等一系列问题提供一定程度的解释。那么，语言多样性是否会给国家外债风险提供一些解释呢？

“一带一路”沿线国家语言种类数量非常大，语言资源相当丰富，单官方语言就涵盖了9大语系、19大语族和30种语支。许多“一带一路”沿线国家语言多样性程度极高，例如，印度是世界上拥有语言数量最多的国家之一，单官方认可的语言就多达18种，涉及印欧、汉藏、南亚和达罗毗荼等不同语系，若将未被官方认可的仅在印度各部落使用的方言也纳入统计，那么印度的语言总数高达1600余种。由于“一带一路”沿线国家语言种类丰富、语言状况复杂、语言多样性程度高，因此本章试图延续现有关于语言多样性的研究，分析“一带一路”沿线国家语言多样性对其国家外债风险的影响。而结合“一带一路”沿线国家的实际情况，如何衡量语言多样性程度最恰当？例如，应该按汉语支与藏语支定义为不同类别划分和衡量，还是将汉语支下属的汉语与藏语支下属的宗卡语定义为不同类别划分和衡量，或者更为精细的划分是否需要按方言划分衡量语言多样性程度。粗略划分可能难以发现语言多样性给国家外债风险带来的影响，而过于精细的划分又可能造成各个国家语言多样性程度均很高，难以得出结论。

此外，使用不同精细程度衡量时，语言多样性程度大多也不同。以白俄罗斯为例，主体民族为白俄罗斯族，使用俄语；波兰族是白俄罗斯第二大少数民族，其语言是波兰语；此外，乌克兰语和立陶宛语也较为普及；其他少数民族也有自己的语言，具体还包括阿塞拜疆语、亚美尼亚语、格鲁吉亚语、哈萨克语、拉脱维亚语、摩尔达维亚语、摩尔多瓦语、德语、乌兹别克语等。因此，按语言层次细致划分，白俄罗斯语言多样性程度很高，其中使用人数较多的语言种类就包括俄语、波兰语、乌克兰语和立陶宛语4种；而这4种语言如果按语支划分，则是3种语支，其中俄语和乌克兰语同属东斯拉夫语支，波兰语属西斯拉夫语支，立陶宛语属于波罗的语支；如果按语族划分，东斯拉夫语支和西斯拉夫语支同属于斯拉夫语族，则只包含两种语族；如果按语系划分则4种语言同属于印欧语系。由此可知，当选择不同精细程度划分，一国的语言多样性程度是不同的。同时，划分的精细程度不仅是指标构建的问题，更是具有深层的含义。Gray和Atkinson（2003）指出，语言谱系是依据历史时间逐渐演变的，其中，语系分离得较早，例如印欧语系和非印欧语系的分离发生在约8700年前，而语言分离得较晚，例如冰岛语和挪威语是在12世纪以后才逐渐分离，语言谱系是随着同种族的人群逐渐分离而演变的。因此，按大类别划分不同语系或语族人群彼此分离得更早，产生的分裂程度更深；而按更精细的类别划分，不同种类语言人群彼此分离得更晚，产生的分裂程度更浅；团结和共情作用可以填补浅层次的分裂，但是难以填补深层次的分裂。

本章的主要贡献在于：（1）不同于传统经济学理论中讨论交易成本和信息不对称问题，本章侧重于从不同文化背景下社会差异角度考虑文化特征对风险感知和偏好的影响，从国家和群体层面，讨论社会价值观对国家外债风险的影响，为国际债务投资中的风险识别和评估提供实证证据。（2）由于“一带一路”沿线国家具有较浓重的宗教色彩，而宗教文化又是文化特征的重要组成部分，本章基于社会冲突理论和寻租理论，从宗教多样性、宗教制衡度和宗教和谐度3个方面，系统、全面地探讨“一带一路”国家宗教文化特征对国家外债风险的影响。现有宗教经济学的实证研究大多从宗教层面上分析，极少细化到宗教内部派系，但是宗教派系特征在“一带一路”沿线许多国家非常重要，因此本章细化到宗教派系，研究宗教文化特征的影响，对现有文献进行了创新性的细化和补充。（3）语言作为非正式制度中文化的一种表征符号，承载着习俗、认知和预期系统等特征，是决定国家社会及个体的价值观念和偏好的关键因素之一。“一带一路”沿线国家语言资源相当丰富，本章结合“一带一路”国家语言实际情况，按语言谱系分类法，将一国的语言依据1语系—2语族—3语支—4亚语支—5语言—6方言共6级分层，从1级到6级分别计算出各级语言多样性指标，并进一步从语言两极化和语言分散化两个方面分析语言多样性对沿线国家外债风险的影响，对现有针对国家外债风险的研究，从非正式制度中的文化角度提供了实证分析和补充。本章研究的文化特征对"一带一路"沿线国家外债风险的影响逻辑框架图如图 4.1 所示。

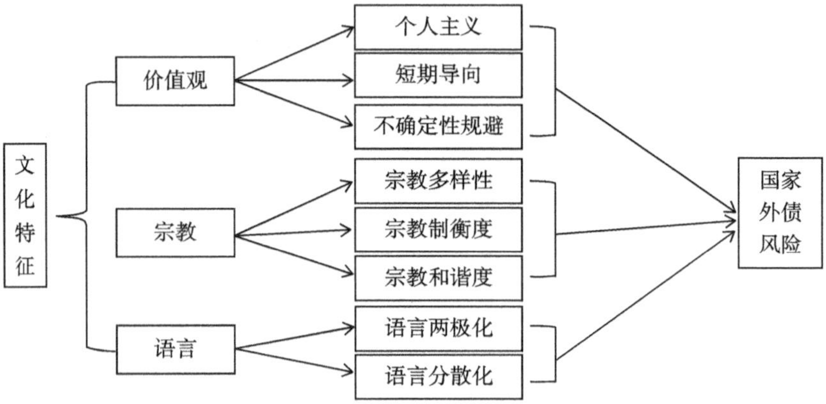

图 4.1 文化特征对"一带一路"沿线国家外债风险的影响逻辑框架图

第二节 社会价值观对国家外债风险的影响实证研究

一、理论分析和研究假设

Lichte et al.（2005）指出，文化的精髓是价值观，是判断是非对错的根据，是社会中通用做法和规范的基础。所有社会在调节人类活动时都会遇到一些相似的基本问题，如何处理这些问题，体现了不同的社会价值观，因此，衡量文化的核心维度源于这些问题，可以通过衡量这些维度来描述不同社会文化。本节选择 Hofstede 文化中与价值观相关的 3 个维度：个人主义、短期导向和不确定性规避，从不同文化背景下社会差异角度讨论价值观对国际债务风险的影响。

个人主义－集体主义是衡量某一社会群体总体上是更关注个人的利益还是更关注集体的利益，反映了社会在自我实现与遵从社会责任和道德行为之间的倾向和偏好。个人主义价值观更关注个人利益，强调个人成就、自我定位和自主性。由于个人主义价值观更强调个人利益最大化，较少考虑他人和社会整体利益，因此，个人主义价值观中的金融机构倾向于为满足客户和股东高收益和利润最大化的需求而增加潜在风险，较少考虑给国家经济带来的负面影响。造成次贷危机的直接原因之一，也是金融机构出于自身利益、摒弃金融市场基本原则。相反，集体主义价值观中，个体自我实现的需求相对较弱，金融机构更加注重一致性和社会规则的遵循。

个人主义价值观中，金融机构微观层面的债务风险会向宏观层面扩散，当其流动性不足而陷入债务困境时，政府不得不进行干预，扩大支出，以主权信用弥补市场信用，用国家财政为金融机构和企业的微观违约风险担保，结果是金融机构和企业债务风险得到缓解，但是政府财政赤字上升，国家债务负担加重，国家主权债务风险增加。基于以上分析，本章提出研究假设 4–1a。

研究假设 4–1a：“一带一路”沿线国家的个人主义价值观越强，其国家外债风险越高。

长期导向－短期导向是指某一文化中的人们对物质、情感、社会需求的延迟满足所能接受的程度。在长期导向的社会中，关于世界的基本概念是不断变化的，总是需要为未来做准备，人们注重节俭和坚韧，不期望立即满足他们的需求和欲望，倾向于坚韧地追求目标。相反，在短期导向的社会中，人们认为世界本质上是它被创造时的状态，过去行为给社会提供了可供依据的道德指南，人们注重传统和社会义务，较少关注节俭和坚韧，期望个人需求和欲望尽快被满足。短期导向价值观对国家外债风险产生影响源于如下几个方面：第一，短期导向价值观中的成员对延迟其物质和社会需求的满足所能接受的程度较低。从个人层面分析，当国民的物质追求无法被自身的经济能力实现的情况下，会通过借贷的方式获得即时的个人满足。从国家层面分析，政府为了满足社会需求，促进消费性财政支出，抑制积累性支出，长期来看会不利于国家经济发展。第二，短期导向价值观群体更多关注活在当下，享受眼前的生活，较少关注节俭和为未来做准备，人们认为未来的债务距离现在更遥远，因此贷款行为更多而储蓄行为较少，相应的，企业现金持有量较低；相反，在长期导向文化中，人们认为未来可能发生的不利信贷事件更迫在眉睫，因此会持有更多的预防性储蓄，相应的，企业现金持有量较高。第三，短期导向价值观中，政府愿意担负更多的举债，以提供其在任期间的资金流入。为了提高国家当前的借债能力，短期导向的政府将本国外债和国内金融部门建立联系，使得国外贷款方预计借款国家会因面临更高的国内违约成本而按时偿还外债，因而更愿意提供借款。短期导向政府更关心当前的现金流，关心其在任期间新借款的现金流入是否超过旧债务的偿债流出，而较少关心未来需要偿还的债务，他们将不断积累的外债转交给下一届政府。基于以上分析，本章提出研究假设 4–1b。

研究假设 4–1b：“一带一路”沿线国家的短期导向价值观越强，其国家外债风险越高。

不确定性规避是指社会发生不确定的事件或非常规情景时，倾向于通过正式渠道避免和控制不确定性的程度。不确定性规避程度高的社会重视权威，相信知识和专家评定等手段，开辟未知领域，研究未知事物，提供较大的职业安全，建立更正式的规则。社会倾向于构建三种应对不确定性的机制：技术，应对自然的不确定性；法律，应对他人行为造成的不确定性；宗教，应对我们无法抵御的不确定性。不确定性规避程度低的文化对于不同行为和意见比较宽容，接受未知事物，忍耐并不主动试图改变，规章制度少，允许不同的哲学、宗教主张。不确定性规避文化对国家债务影响基于如下几个方面：第一，不确定性规避文化影响人们对风险感知程度。Frijns et al.（2013）指出，国家文化影响CEO的风险感知，研究基于CEO的跨境收购决策，发现不确定性规避越强，风险感知越强，跨境收购行为越少。在高不确定性规避的社会中，人们对风险带来的损失感知更强，倾向于尽力控制不确定情况，避免冒险行为；相反，在低不确定性规避的社会中，人们对风险带来的损失感知更弱。第二，不确定性规避文化影响人们对未知风险的容忍程度。不确定性规避程度低的国家对债务风险的容忍度较高，生活在这种文化背景下的人们能够欣然接受社会带给他们的不确定性，坦然面对风险，享受自由生活。这种坦然和自由促使人们对于风险的规避程度相对较低，人们一方面乐于收获金融市场带给他们的高收益，另一方面也能平静地承担由此产生的风险。第三，不确定性规避影响人们面对压力的敏感性。在高不确定规避文化中，给人们带来压力感受的债务情景可能并不足以给低不确定性规避文化中的人们带来压力。刘尚希等（2017）指出，现代风险社会的一个特征是个人风险大量转化为国家风险，当多数社会公众认为国家应当对个人风险进行救助时，个人风险则转化成了国家风险。例如个人失业、银行破产会得到国家给予的一定程度的救助。基于以上分析，本章提出研究假设4-1c。

研究假设4-1c：“一带一路”沿线国家的不确定性规避价值观越强，其国家外债风险越低。

二、研究设计

1. 变量定义与数据来源

（1）被解释变量

与前文一致，本章节从偿债能力和流动性两方面衡量“一带一路”沿线国家外债风险，参考以往文献，具体从偿债能力和流动性角度选取外债占GDP的比例（Fordebt）、外债偿还额占出口比重（Debtserv）、政府所持有的国际储备资产与进口商品金额比值（Intliq）3个指标数据衡量政府债务风险。为使3个国家外债风险指标方向一致，使数据便于处理、比较和解释分析，本章节参照ICRG中衡量国家金融风险指标的数据处理方法，将变量转化为0~50得分。本章国家外债风险指标得分越高，说明外债风险越大，反之，国家外债风险指标得分越低，说明外债风险越小，最高为50分，最低为0分。

（2）解释变量

社会价值观变量选择Hofstede文化中与价值观相关的3个维度：个人主义（IDV）、短期导向（STO）和不确定性规避（UAI）的数据。数据取值在0~100之间，数字的绝对数值不具有实际意义，只是表示国家之间在某一维度上的排序关系。例如，本章中，IDV取值越大，个人主义价值观越强烈；STO取值越大，短期导向越强；UAI取值越大，不确定性规避程度越高。

（3）控制变量

与上文一致，为研究文化特征与国家外债风险的关系，并根据理论基础和数据的可得性，本章节基于现有研究，分别控制国家经济因素和制度因素等控制变量，具体包括经济发展水平、经济增长率、通货膨胀率、失业率、法律与秩序、政府稳定性、官僚主义和民主责任。本章节使用变量详见表4.3。

表4.3　变量定义

变量类型	变量名称	变量符号	具体定义
被解释变量	国家外债风险	Fordebt	国家某一年的外债总额除以国内生产总值的比值
		Debtserv	国家某一年的外债偿还额除以该年商品和服务出口总额的比值
		Intliq	国家某一年的官方储备总额除以平均进口商品金额和服务费用总额的比值

续表

<table>
<tr><th>变量类型</th><th colspan="2">变量名称</th><th>变量符号</th><th>具体定义</th></tr>
<tr><td rowspan="3">解释变量</td><td rowspan="2">价值观</td><td>个人主义</td><td>IDV</td><td>Hofstede 文化维度中个人主义文化维度，数据取值在 0 ~ 100 之间</td></tr>
<tr><td>短期导向</td><td>STO</td><td>Hofstede 文化维度中短期导向文化维度，数据取值在 0 ~ 100 之间</td></tr>
<tr><td colspan="2">不确定性规避</td><td>UAI</td><td>Hofstede 文化维度中不确定性规避文化维度，数据取值在 0 ~ 100 之间</td></tr>
<tr><td rowspan="8">控制变量</td><td rowspan="4">经济因素</td><td>经济发展水平</td><td>GDPp</td><td>人均 GDP 取自然对数</td></tr>
<tr><td>经济增长率</td><td>Growth</td><td>GDP 年增长率</td></tr>
<tr><td>通货膨胀率</td><td>Infl</td><td>GDP 平减指数</td></tr>
<tr><td>失业率</td><td>Unem</td><td>长期失业率指标</td></tr>
<tr><td rowspan="4">制度因素</td><td>法律与秩序</td><td>Law</td><td>ICRG 法律与秩序指数</td></tr>
<tr><td>政府稳定性</td><td>Stab</td><td>ICRG 政府稳定性指数</td></tr>
<tr><td>官僚主义</td><td>Bureau</td><td>ICRG 官僚主义指数</td></tr>
<tr><td>民主责任</td><td>Democ</td><td>ICRG 民主责任指数</td></tr>
</table>

（4）数据来源

社会价值观的数据来自 2013 年 Hofstede 文化价值调查（Value Survey Module，VSM）①，涵盖了全球 112 个国家文化特征数据。本章节选取其中“一带一路”沿线国家作为研究对象，使用个人主义、长期导向和不确定性规避 3 个维度的数据，缺失值使用所有与该国接壤的国家该文化维度数据的平均值填补。

国家外债风险指标数据和控制变量中反映国家经济因素指标数据均来源于世界银行数据库和 IMF 数据库。控制变量中反映制度因素指标数据来自美国政治风险服务集团提供的 ICRG 数据，得分越高，表示国家在该方面表现越好。

根据数据的充分性和可得性，本研究选取中国社会科学院发布的《“一带一路”沿线国家工业化发展报告》中包含的 65 个“一带一路”沿

① 数据来源：https：//geerthofstede.com/research-and-vsm/vsm-2013/.

线国家，研究涵盖从 2008 年到 2017 年共计 10 年数据。剔除数据缺失的国家年份后，共计 500 个观测值。

2. 检验模型设计

尽管 Hofstede 文化维度中各个指标侧重点不同，但是指标承载的信息之间存在重叠，会限制多元关系的解释，例如 Franke（1980）研究发现指出，个人主义强的社会，权力距离小，两者之间相关系数小于 –0.5。

Gorodnichenko 和 Roland（2011）研究指出，个人主义和不确定性规避显著负相关。Lim et al.（2011）指出，个人主义与不确定性规避、权力距离显著相关，因此，当研究将文化 4 个维度同时放入一个回归中时，即使检验了多重共线性问题，对回归结果仍需要进行谨慎分析。因此，本章节参照 Gorodnichenko 和 Roland（2011）使用最小二乘法（OLS），对 Hofstede 各个维度指标分别进行线性回归，讨论各个价值观对国家外债风险的影响。为了检验本章研究假设 4–1，本文构建了如下模型：

$$Risk_{it} = \beta_0 + \beta_1 \mathrm{Value}_{\mathrm{it}} + \beta_2 \mathrm{GDPP}_{\mathrm{it}} + \beta_3 \mathrm{Growth}_{\mathrm{it}} + \beta_4 \mathrm{Inf}_{\mathrm{it}} + \beta_5 \mathrm{Unem}_{\mathrm{it}} + \beta_6 \mathrm{Law}_{\mathrm{it}} + \beta_7 \mathrm{Stab}_{\mathrm{it}} + \beta_8 \mathrm{Bureau}_{\mathrm{it}} + \beta_9 \mathrm{Democ}_{\mathrm{it}} + \varepsilon_{it} \quad (4.1)$$

其中，Value 是表示社会价值观的主要测试变量。在假设 4–1a 中，Value 是个人主义价值观文化，用 IDV 指标衡量；在假设 4–1b 中，Value 是短期导向价值观文化，用 STO 衡量；在假设 4–1c 中，Value 是对不确定性规避价值观文化，用 UAI 衡量。

三、实证结果与分析

1. 描述性统计分析

表 4.4 列示了变量的描述性统计结果。变量的均值与中位数临近，说明就基本特征而言，该样本趋于正态分布。Fordebt、Debtserv 和 Intliq 的均

值分别是 26.269、43.416 和 27.279，标准差分别为 6.437、3.618 和 8.274，由此可以看出“一带一路”沿线国家外债风险差异较为明显。

表 4.4 变量的描述性统计

	Min	Max	Mean	Median	Stdev
Fordebt	0.833	50.000	26.269	28.125	6.437
Debtserv	5.000	50.000	43.416	47.500	3.618
Intliq	0.833	50.000	27.279	30.000	8.274
IDV	14.000	80.000	39.673	38.000	15.309
STO	12.594	93.199	43.097	40.169	20.570
UAI	8.000	100.000	67.042	69.167	19.846
GDPp	-37.147	19.592	3.009	3.393	3.262
Growth	2.258	7.949	4.734	4.761	0.599
Infl	-26.866	75.201	5.420	3.539	5.577
Unem	0.136	24.000	6.996	4.949	3.274
Law	1.500	5.000	3.661	4.000	0.652
Stab	4.042	11.500	7.328	7.500	1.277
Bureau	0.167	6.000	3.629	4.000	0.915
Democ	1.000	4.000	2.026	2.000	0.475

在表 4.4 社会价值观的三个指标中，IDV 和 STO 得分最低值分别是 14.000 和 12.594，最高值分别是 80.000 和 93.199，平均值分别是 39.673 和 43.097，中位数分别是 38.000 和 40.169，说明“一带一路”沿线国家中，既有以个人主义（短期导向）为主导的国家，也有以集体主义（长期导向）为主导的国家。由于价值观特征各个维度变量数值在 0 ~ 100 范围内，可以看出，“一带一路”沿线国家中具有集体主义（长期导向）价值观特征的国家数量略多于个人主义（短期导向）的国家。个人主义和短期导向得分标准差分别为 15.309 和 20.570，说明国家之间在个人主义和短期导向两个维度的价值观特征差异比较明显。不确定性规避指数得分最低为 8.000，最高为 100.000，平均值为 67.042，标准差为 19.846，说明“一带

一路"沿线国家不确定性规避程度存在差异，且高不确定规避的国家相对较多。表 4.5 为"一带一路"沿线国家社会价值观对其国家外债风险的影响回归相关性分析结果，数据结果显示：处于同一个回归模型中的自变量之间相关系数均小于 0.6，因此不存在多重共线性问题。

2. 回归结果分析

表 4.6 报告了模型 4.1 中社会价值观对沿线国家外债风险影响的回归结果。当因变量为 Fordebt 时，IDV 的回归系数为 0.167，在 1% 水平下显著；当因变量为 Debtserv 时，IDV 的回归系数为 0.052，在 10% 水平下显著；当因变量为 Intliq 时，IDV 的回归系数为 0.049，在 10% 水平下显著。实证结果一致说明："一带一路"沿线国家个人主义价值观特征越强，其国家外债风险越大，结果支持研究假设 4–1a。深入分析其可能原因，个人主义价值观更强调个人利益最大化，较少考虑他人和社会整体利益，金融机构更倾向于为满足客户和股东高收益和利润最大化的需求而容忍更高的风险，而微观层面的债务风险会向宏观层面扩散，最终国家以主权信用弥补市场信用，政府财政赤字上升、债务负担加重，增加了国家外债风险。

表 4.6 结果显示：当因变量为 Fordebt 时，STO 的回归系数为 0.184，在 1% 水平下显著；当因变量为 Debtserv 时，STO 的回归系数为 0.127，在 1% 水平下显著；当因变量为 Intliq 时，STO 的回归系数为 0.120，在 5% 水平下显著。实证结果一致说明："一带一路"沿线国家的短期导向价值观越强，其国家外债风险越高，结果支持研究假设 4–1b。深入分析其可能原因：短期导向价值观中的成员对延迟其物质和社会需求的满足所能接受的程度较低，更关注享受眼前生活，较少关注节俭和为未来做准备，认为未来的债务距离现在更遥远，更倾向于通过借贷的方式获得即时的个人满足；同时，国家为了满足社会需求，愿意更多的举债，以提供其在任期间的资金流入，促进消费性财政支出，抑制积累性支出，长期来看会不利于国家经济发展，也增加了国家外债风险。

表 4.5 相关系数矩阵

	Fordebt	Debtserv	Intliq	IDV	UAI	STO	GDPp	Growth	Infl	Unem	Law	Stab	Bureau	Democ
Fordebt	1.000													
Debtserv	0.551	1.000												
Intliq	0.404	0.320	1.000											
IDV	0.258	0.060	0.050	1.000										
UAI	0.412	0.265	0.032	0.230	1.000									
STO	0.241	0.183	0.180	0.154	−0.084	1.000								
GDPp	−0.079	−0.209	−0.218	−0.160	−0.168	−0.123	1.000							
Growth	−0.102	−0.068	−0.069	−0.170	−0.124	−0.120	0.175	1.000						
Infl	−0.063	−0.019	0.163	−0.062	0.000	0.047	−0.009	0.027	1.000					
Unem	0.274	0.298	0.038	0.171	0.372	0.022	−0.051	−0.301	−0.021	1.000				
Law	0.093	0.084	0.026	0.360	−0.074	0.166	−0.169	−0.017	−0.124	−0.147	1.000			
Stab	−0.261	−0.116	−0.020	−0.042	−0.202	−0.095	−0.053	0.211	−0.052	−0.207	0.250	1.000		
Bureau	0.032	0.067	−0.051	0.127	−0.261	0.197	0.031	0.040	−0.268	−0.062	0.430	0.075	1.000	
Democ	0.489	0.327	0.056	0.212	0.310	0.038	0.031	−0.072	−0.146	0.348	−0.059	−0.491	0.310	1.000

表 4.6 “一带一路”沿线国家价值观与其外债风险的回归结果

	Fordebt			Debtserv			Intliq		
	（1）	（2）	（3）	（1）	（2）	（3）	（1）	（2）	（3）
IDV	0.167***			0.052*			0.049*		
	（3.844）			（1.691）			（1.852）		
STO		0.184***			0.127***			0.120**	
		（4.526）			（2.863）			（2.506）	
UAI			0.189			−0.004*			−0.120**
			（1.141）			（−1.882）			（−2.235）
GDPp	0.035	0.021	0.036	−0.083*	−0.086**	−0.089**	−0.153***	−0.156***	−0.170***
	（0.891）	（0.535）	（0.922）	（−1.922）	（−2.024）	（−2.059）	（−3.306）	（−3.410）	（−3.692）
Growth	0.005	0.017	−0.011	0.063	0.076*	0.059	−0.044	−0.031	−0.046
	（0.129）	（0.415）	（−0.272）	（1.392）	（1.693）	（1.300）	（−0.897）	（−0.635）	（−0.956）
Infl	−0.008	−0.014	0.002	0.064	0.059	0.064	0.197***	0.193***	0.192***
	（−0.201）	（−0.362）	（0.053）	（1.474）	（1.371）	（1.475）	（4.225）	（4.147）	（4.126）
Unem	0.103***	0.144***	0.079*	0.288***	0.307***	0.296***	−0.037	−0.019	0.001
	（2.365）	（3.355）	（1.777）	（6.051）	（6.550）	（6.073）	（−0.721）	（−0.372）	（0.012）
Law	0.186***	0.202***	0.220***	0.128**	0.114**	0.149***	0.016	0.003	0.055
	（3.886）	（4.415）	（4.852）	（2.440）	（2.286）	（2.994）	（0.288）	（0.061）	（1.037）
Stab	−0.016	−0.044	−0.010	0.041	0.019	0.044	0.052	0.031	0.055

续表

	Fordebt			Debtserv			Intliq		
	(1)	(2)	(3)	(1)	(2)	(3)	(1)	(2)	(3)
	(−0.336)	(−0.909)	(−0.202)	(0.787)	(0.362)	(0.835)	(0.918)	(0.542)	(0.982)
Bureau	−0.218***	−0.164***	−0.149***	−0.047	−0.004	−0.054	−0.051	−0.010	−0.109
	(−4.600)	(−3.322)	(−2.909)	(−0.904)	(−0.069)	(−0.951)	(−0.905)	(−0.167)	(−1.800)
Democ	0.471***	0.469***	0.449***	0.269***	0.252***	0.284***	0.133**	0.116*	0.186***
	(9.002)	(9.077)	(8.416)	(4.713)	(4.471)	(4.857)	(2.156)	(1.913)	(2.971)
R^2	0.334	0.341	0.337	0.207	0.219	0.205	0.079	0.089	0.087
Adj-R^2	0.321	0.329	0.324	0.192	0.204	0.19	0.061	0.072	0.07
F	26.133	27.057	26.517	13.631	14.607	13.463	4.485	5.133	4.978

注：括号内为标准差；*、**、*** 分别表示在 10%、5%、1% 的水平下显著。

当因变量为 Fordebt 时，UAI 的回归系数为 0.189，回归系数不显著；当因变量为 Debtserv 时，UAI 的回归系数为 -0.004，在 10% 水平下显著；当因变量为 Intliq 时，UAI 的回归系数为 -0.120，在 5% 水平下显著。实证结果一致说明：“一带一路”沿线国家的不确定性规避价值观越强，其国家外债风险越低，结果支持研究假设 4-1c。深入分析其可能原因：不确定性规避文化影响人们对风险感知程度和容忍程度，一方面，不确定性规避越强，风险感知越强，人们对风险带来的损失感知更强，倾向于尽力控制不确定情况，避免冒险行为；另一方面，不确定性规避程度低的国家对债务风险的容忍度较高，接受不确定性，乐于收获金融市场带给他们的高收益，同时坦然面对和承担风险。

3. 稳健性检验

为将国家经济状况和政治制度等影响国家外债风险的因素剖分开来，验证不同社会价值观特征对沿线国家外债风险的影响，本专著使用倾向得分匹配（PSM）方法进行稳健性检验。PSM 方法的核心思想是，在判断某一变量对另外一个变量影响时，分别确定一组控制组和一组处理组，通过倾向得分的方式找到在处理组与控制组中其他因素最相近的个体进行一一匹配，使得两组的差异就是研究变量产生的“净效应”。通过这种方式，可以最大限度地排除掉其他响应因素的干扰。本章节根据一国个人主义文化价值观特征（短期导向、不确定性规避）的强弱，将“一带一路”沿线国家分为两组：强个人主义价值观文化（短期导向、不确定性规避）的处理组，弱个人主义（短期导向、不确定性规避）价值观文化的控制组。通过采用国家经济因素和政治制度等多方面特征要素估计倾向得分，使用最近邻匹配方法进行一一匹配，选择与处理组中的倾向得分最接近的控制组样本作为匹配对象，通过 PSM 方法，使得两组中的国家经济状况和政治制度等方面因素处于无差别的均衡状态。同时，本章采用 500 次 Bootstrap 模拟以克服小样本可能导致的偏误。

表 4.7 “一带一路”沿线国家个人主义文化倾向得分匹配平衡性检验结果

Variable	Mean		Sig（2-tailed）
GDPp	control	4.718	0.364
	treated	4.846	
Growth	control	1.965	0.227
	treated	2.789	
Inf	control	4.991	0.340
	treated	6.167	
Unem	control	8.204	0.183
	treated	7.175	
Law	control	4.014	0.575
	treated	4.064	
Stab	control	7.750	0.799
	treated	7.703	
Bureau	control	2.076	0.159
	treated	2.211	
Democ	control	3.847	0.648
	treated	3.935	

为检验“一带一路”沿线国家个人主义价值观特征与其国家外债风险之间的关系，本部分选择的匹配容差是 0.05，共得到 143 对匹配的样本。首先，基于匹配后筛选出的样本进行独立样本检验，结果见表 4.7。由结果可知，变量 p 值均大于 0.1，可以认为匹配结果符合平衡性要求。进一步采用匹配后的样本进行回归检验，回归结果如表 4.8 所示：当被解释变量为 Fordebt 时，IDV 回归系数为 0.042，在 10% 水平下显著为正；当被解释变量为 Debtserv 时，IDV 回归系数为 0.080，在 10% 水平下显著为正；当被解释变量为 Intliq 时，IDV 回归系数为 –0.048，系数不显著。回归结果支持了本章研究假设 4–1a，即“一带一路”沿线国家个人主义价值观特征越强，其国家外债风险越大。

表 4.8 “一带一路”沿线国家个人主义文化倾向得分匹配回归结果

Variable	Fordebt	Debtserv	Intliq
IDV-dummy	0.042*	0.080*	-0.048
	(1.847)	(1.743)	(-0.834)
Control variables	included	included	included
No.	286	286	286
Adj-R^2	0.323	0.258	0.080
F	16.141***	11.988***	3.770***

注：(1) *、**、*** 分别表示系数通过 10%、5%、1% 水平的显著性检验；(2) 实证回归采用 Bootstrap 模拟 500 次以克服小样本偏误。

为检验“一带一路”沿线国家短期导向与其国家外债风险之间的关系，本部分选择的匹配容差是 0.05，共得到 147 对匹配的样本。首先，基于匹配后筛选出的样本进行独立样本检验，结果如表 4.9。由结果可知，变量 p 值均大于 0.1，可以认为匹配结果符合平衡性要求。进一步采用匹配后的样本进行回归检验，回归结果如表 4.10 所示：当被解释变量为 Fordebt 时，STO 回归系数为 0.119，在 1% 水平下显著为正；当被解释变量为 Debtserv，STO 回归系数为 0.128，在 5% 水平下显著为正；当被解释变量为 IntLiq 时，STO 回归系数为 0.076，在 10% 水平下显著为正。回归结果支持了本章研究假设 4-1b，即“一带一路”沿线国家的短期导向价值观越强，其国家外债风险越高。

表 4.9 “一带一路”沿线国家短期导向文化倾向得分匹配平衡性检验结果

Variable	Mean		Sig (2-tailed)
GDPp	control	4.800	0.492
	treated	4.894	
Growth	control	2.494	0.138
	treated	3.439	
Inf	control	5.070	0.992
	treated	5.081	

续表

Variable	Mean		Sig（2-tailed）
Unem	control	8.047	0.410
	treated	7.578	
Law	control	3.823	0.953
	treated	3.817	
Stab	control	7.761	0.484
	treated	7.642	
Bureau	control	2.273	0.490
	treated	2.214	
Democ	control	3.753	0.379
	treated	3.933	

表 4.10 “一带一路”沿线国家短期导向倾向得分匹配回归结果

Variable	Fordebt	Debtserv	Intliq
STO-dummy	0.119***	0.128**	0.076*
	（2.776）	（2.410）	（1.764）
Control variables	included	included	included
No.	294	294	294
Adj-R^2	0.480	0.198	0.115
F	31.072***	9.026***	5.233***

注：（1）*、**、*** 分别表示系数通过 10%、5%、1% 水平的显著性检验；（2）实证回归采用 Bootstrap 模拟 500 次以克服小样本偏误。

为检验“一带一路”沿线国家不确定性规避与其国家外债风险之间的关系，本部分选择的匹配容差是 0.05，共得到 150 对匹配的样本。基于匹配后筛选出的样本进行独立样本检验，结果如表 4.11。由结果可知，变量 p 值均大于 0.1，匹配结果符合平衡性要求。进一步采用匹配后的样本进行回归检验，结果如表 4.12 所示：当被解释变量为 Fordebt 时，UAI 回归系数为 0.232，回归系数不显著；当被解释变量为 Debtserv 时，UAI 回归系数为 -0.022，在 10% 水平下显著为负；当被解释变量为 Intliq 时，UAI 回归

系数为 -0.125，在 5% 水平下显著为负。综上所述，回归结果支持了本章研究假设 4-1c，即“一带一路”沿线国家的不确定性规避价值观越强，其国家外债风险越低。

表 4.11 “一带一路”沿线国家不确定性规避倾向得分匹配平衡性检验结果

Variable	Mean		Sig (2-tailed)
GDPp	control	5.157	0.791
	treated	5.122	
Growth	control	3.302	0.775
	treated	3.112	
Inf	control	5.993	0.963
	treated	5.944	
Unem	control	7.045	0.388
	treated	7.500	
Law	control	3.673	0.775
	treated	3.703	
Stab	control	7.709	0.391
	treated	7.565	
Bureau	control	2.273	0.804
	treated	2.294	
Democ	control	3.859	0.366
	treated	4.034	

表 4.12 “一带一路”沿线国家不确定性规避倾向得分匹配回归结果

Variable	Fordebt	Debtserv	Intliq
UAI-dummy	0.232	-0.022*	-0.125**
	(1.586)	(-1.709)	(-2.232)
Control variables	included	included	included
No.	300	300	300
$Adj-R^2$	0.301	0.172	0.065
F	15.338***	7.925***	3.320***

注：(1) *、**、*** 分别表示系数通过 10%、5%、1% 水平的显著性检验；(2) 实证回归采用 Bootstrap 模拟 500 次以克服小样本偏误。

第三节 宗教文化特征对国家外债风险的影响实证研究

一、理论分析和研究假设

“一带一路”辐射区域是多宗教聚集地，是包括伊斯兰教、佛教、基督教三大宗教的发源地，是伊斯兰教的主要聚集区域，大多沿线国家有着浓厚的宗教氛围和悠久的宗教历史。在这里，宗教不仅是信仰问题，更是国家政治经济和社会文化的核心，因此，在评估“一带一路”沿线国家外债风险时，宗教文化特征产生的影响需要重视。“一带一路”沿线节点国家偶见宗教争端。以巴基斯坦和印度的关系为例，在印巴分治之前的英国殖民统治时期，伊斯兰教徒因怀疑印度国大党中印度教徒占多数，伊斯兰教徒因未得到与印度教徒相同的权利而不满，两大宗教的民族主义者为从英国殖民统治者手中争夺稀少的资源和政治资助展开了持续的竞争，其间暴力和冲突不可避免。宗教文化特征符合社会冲突理论，即社会资源的稀缺性以及不公平分配是引发社会冲突的根本原因。此外，黎巴嫩境内各教派间矛盾错综复杂，还有巴勒斯坦犹太教、伊斯兰教、基督教三者之间的冲突，伊拉克伊斯兰教逊尼派和什叶派的争端，等等。Montalvo 和 Reynal-Querol（2005a）在对宗教、政治系统和内战关系的研究中指出，宗教文化特征可能导致社会分裂甚至会进一步引发暴力冲突或者内战。政府需要增加支出缓解冲突，使得外债负债率升高，进而增加了国家外债风险。除少数极端情况外，当宗教文化特征仅引起了潜在冲突，由于其带来的不稳定性和不确定性也将会对该国的汇率、出口等方面造成负面影响，导致国家外债风险升高。从经济发展角度来说，“一带一路”沿线国家大多是发展中国家，国家经济实力偏弱，经济治理机制与英美等发达国家差距较大，在此背景下，国家内部存在的多种宗教信仰会导致宗教之间的资源争夺和利益冲突更显著。寻租理论指出，不同的宗教群体为了各自的利益和获得更大的政治影响力，消耗相当一部分社会资源，使得这部分社会资源不能转化成有效的生产力，对国家经济增长和金融稳定产生了负面影响。社会冲突理论指出，社会冲突的根源是多元的，包括权力、地位和资源的分配不均以及价值观念的不同，群体越是在现实问题上发生争端，冲突的激烈程度就越小；相反，越是在非现实的问题上发生冲突，在冲突中激起的情感与介入的程度就越强，因而冲突越激烈。而宗教信仰方面的冲突正属于此类非现实问题上的激烈冲突。基于以上分析，本章提出研究假设 4–2a。

研究假设 4–2a：“一带一路”沿线国家的宗教多样性越高，国家外债风险越高。

在此基础上，本章进一步从宗教制衡和宗教和谐两方面探讨宗教文化特征对沿线国家外债风险的影响。宗教制衡是指一国有两种或以上占比大的主要教派，各自拥有不同的价值观念、伦理规范和习俗等，彼此无法达成统一而相互制约的状态。此种情况下，可能存在多个利益集团和决策团体，容易产生分歧和冲突。宗教制衡度指一国主要教派信徒数量所占比例的接近程度，当某国占比最大的两个宗教（或宗教派系）信徒人数各占一半时，该国宗教制衡程度最高，冲突最明显。基于以上分析，本章提出研究假设 4–2b。

研究假设 4–2b：“一带一路”沿线国家的宗教制衡度越高，国家外债风险越高。

如果一国存在某一占比最高的宗教作为主流价值观念和主要决策团体，其余宗教处于搭便车状态，我们认为这种集中的状态属于“宗教和谐”，政治稳定性高，社会稳定性高，交易成本低。比如，佛教在老挝的社会、政治、生活各方面都起着举足轻重的作用。老挝的佛教历史悠久，国民主要信奉上座部佛教，极少部分人信仰基督教和原始宗教。老挝党和政府奉行“以教治教”的方针，确立佛教的主流地位，鼓励和引导群众信奉上座部佛教，遇到问题鼓励佛教人士做基层群众特别是信徒的思想工作，化解社会矛盾，使得佛教成为一支推动老挝经济发展和社会稳定的积极力量。另外一种特殊的宗教和谐例子是中国，表现为多种宗教和平共处、共同发展。新中国成立后，中国共产党人坚持科学无神论的世界观，以马克思主义唯物史观为指导，有一致认同的思想和价值观。本章研究的宗教和谐不包括此类，主要关注的是“宗教集中”类型的和谐。基于以上分析，本章提出研究假设 4–2c。

研究假设 4–2c：“一带一路”沿线国家的宗教和谐度越高，国家外债风险越低。

二、研究设计

1. 变量定义与数据来源

（1）被解释变量

与前文一致，本章节从偿债能力和流动性两方面衡量国家外债风险，参考以往文献，具体从偿债能力和流动性角度选取外债占 GDP 的比例（Fordebt）、外债偿还额占出口比重（Debtserv）、政府所持有的国际储备资产与进口商品金额比值（Intliq）3 个指标数据衡量政府债务风险。为使 3 个国家外债风险指标方向一致，使数据便于处理、比较和解释分析，数值参照 ICRG 的数据处理方法，将变量转化为得分，得分越高，国家外债风险越大；得分越低，国家外债风险越小；数值得分满分为 50 分，最低为 0 分。

（2）解释变量

宗教多样性：为研究一国宗教多样性程度，本章选择 Score 和 Frac 两个指标衡量。其中 Score 表示一国主要教派的数量，其中关于主要教派定义依照 Dow et al.（2016）做法，当某宗教占比大于 20%，定义为主要教派并计数；当某一宗教内部派系占比大于 25%，定义为主要教派并计数。每教派计 1 分，总得分设置为 Score。一个国家的主要教派数量越多，则指标 Score 值越大，表示宗教多样性越强。

本章选取另一个宗教多样性指标是 Taylor 和 Hudson（1972）构造的种族语言差异程度指标（ethnolinguistic fractionalization，ELF），Dow et al.（2016）在宗教多样性研究中使用此指标，其公式为：

$$\mathrm{Frac_i} = 1 - \sum_{i=1}^{N} \pi_i^2$$

π_i 代表信奉 i 宗教信徒数量占该国总人口比例，此指标可被解释为测量在 i 国随机选取 2 个个体，两者同属一个宗教的概率。宗教种类越多，Frac 取值越大。如 Frac 为 0，说明所有国民信奉同一宗教；如果此指标为 1，说明所有国民均信奉不同宗教。

宗教制衡度：宗教制衡度指一国主要教派信徒数量所占比例之间的接近程度。在主要宗派数量相等的情况下，各宗派信徒所占比例越接近，宗教制衡度越高。此指标侧重宗教文化特征的冲突程度。本章用 Montalvo 和 Reynal-Querol（2005b）提出的两极化指标衡量，公式为：

$$\mathrm{Pol_i} = 1 - \sum_{i=1}^{N} \left(\frac{0.5 - \pi_i}{0.5}\right)^2 \pi_i$$

π_i 代表信奉 i 宗教信徒数量占该国总人口比例。Pol 指数在 0 ~ 1 之间，当两种宗教各占比 50% 时，Pol 值最大，体现宗教制衡程度最高。以往研究 Ying et al.（2017）使用宗教制衡度（Pol）衡量宗教文化特征对国家经济发展的影响。

宗教和谐度：衡量宗教和谐度，本章选取 LLSV（1999）的做法，以信徒数量最多的宗教人口数占国家总人口的百分比衡量。一国占比最高的宗教信仰作为主流价值观念和决策依据，其余宗教信仰处于搭便车状态，这种思想统一的集中状态属于“宗教和谐”。第一大宗教占比越高，则宗教和谐程度越高，主流意识越明显，决策力度越强。

（3）控制变量

与上文一致，为探究宗教文化特征与国家外债风险的关系，根据理论基础和数据的可得性，本章节基于现有研究分别控制国家经济因素和制度因素等控制变量，具体包括经济发展水平、经济增长率、通货膨胀率、失业率、法律与秩序、政府稳定性、官僚主义和民主责任。本章节使用变量详见表 4.13。

表 4.13　变量定义

变量类型	变量名称		变量符号	具体定义
被解释变量	国家外债风险		Fordebt	国家某一年的外债总额除以国内生产总值的比值
			Debtserv	国家某一年的外债偿还额除以该年商品和服务出口总额的比值
			Intliq	国家某一年的官方储备总额除以平均进口商品金额和服务费用总额的比值
解释变量	宗教	宗教多样性	Score	一国主要教派的数量
			Frac	差异程度指标 $Frac_i = 1 - \sum_{i=1}^{N} \pi_i^2$
		宗教制衡度	Pol	两极化指标 $Pol_i = 1 - \left(\sum_{i=1}^{N} \frac{0.5-\pi_i}{0.5}\right)^2 \pi_i$
		宗教和谐度	Per	信徒数量最多的宗教人口数占国家总人口的百分比
控制变量	经济因素	经济发展水平	GDPp	人均 GDP 取自然对数
		经济增长率	Growth	GDP 年增长率
		通货膨胀率	Infl	GDP 平减指数
		失业率	Unem	长期失业率指标
	制度因素	法律与秩序	Law	ICRG 法律与秩序指数
		政府稳定性	Stab	ICRG 政府稳定性指数
		官僚主义	Bureau	ICRG 官僚主义指数
		民主责任	Democ	ICRG 民主责任指数

（4）数据来源

世界比较著名的宗教数据来源之一是世界基督教百科全书（*World Christian Encyclopedia*，WCE），它提供了较全面的跨国数据。然而，WCE 存在着明显的缺点，数据明显倾向基督教：其一，将接受过洗礼或者居住在基督教风格区域的居民直接划归为基督教徒；其二，长期统计数据中，存在明显变动的数据大多反映的是基督教徒数量的增长。另一个宗教数据来源是大英百科全书世界数据库（*Britannica World Data*，BWD），提供了 220 个国家的宗教分布数据，包括普查数据、教堂会员数据和外部分析师的估计数据。数据客观全面，现有宗教多样性经济影响的研究使用了 BWD 数据。此外，美国中央情报局世界概况（*The World Factbook*，WF）和政治家年鉴（*The Statesman's Yearbook*，ST）从国家资源角度报告了世界各国的宗教数据，与 WCE 相比统计数据更为详细，将接受过洗礼但实际是调和信徒单独归为一类，将万物有灵论信徒与基督教信徒区分。其中，对比 ST 和 WF，WF 的数据更为详细。因此，本章主要选取 BWD 和 WF 的宗教数据，将宗教分为：基督教、伊斯兰教、佛教、印度教、犹太教、儒家、道教、万物有灵论宗教、大同教、调和宗教和其他宗教。

国家外债风险指标数据和控制变量中反映国家经济因素指标数据均来源世界银行数据库和 IMF 数据库。控制变量中反映制度因素指标数据来自美国政治风险服务集团提供的 ICRG 指标，得分越高表示国家在该方面表现越好。

根据数据的充分性和可得性，本研究选取中国社会科学院发布的《“一带一路”沿线国家工业化发展报告》中包含的 65 个“一带一路”沿线国家，研究涵盖从 2008 年到 2017 年共计 10 年数据。剔除数据缺失的国家年份后，共计 490 个观测值。

2. 检验模型设计

为了检验本章的研究假设 4-2a“一带一路”沿线国家的宗教多样性越

高，国家外债风险越高，4–2b“一带一路”沿线国家的宗教制衡度越高，国家外债风险越高和 4–2c“一带一路”沿线国家的宗教和谐度越高，国家外债风险越低，本章构建回归模型如下：

$$\text{Risk}_{\text{it}} = \beta_0 + \beta_1\text{Religion}_{\text{it}} + \beta_2\text{GDPP}_{\text{it}} + \beta_3\text{Growth}_{\text{it}} + \beta_4\text{Inf}_{\text{it}} + \beta_5\text{Unem}_{\text{it}} + \beta_6\text{Law}_{\text{it}} + \beta_7\text{Stab}_{\text{it}} + \beta_8\text{Bureau}_{\text{it}} + \beta_9\text{Democ}_{\text{it}} + \varepsilon_{it} \tag{4.2}$$

其中，Religion 是表示宗教文化特征的主要测试变量。假设 4–2a，Religion 是宗教多样性程度，用 Score 和 Frac 两个指标衡量，预期主要测试的自变量系数显著为正。假设 4–2b，Religion 是宗教制衡度，用 Pol 衡量，预期系数显著为正。假设 4–2c，Religion 是宗教和谐度，用 Per 衡量，预期系数显著为负。

三、实证结果与分析

1. 描述性统计分析

表 4.14 显示了变量的描述性统计结果。变量的均值与中位数临近，说明就基本特征而言，该样本趋于正态分布。Fordebt 的均值和标准差分别为 26.269 和 6.437，Debtserv 的均值和标准差分别为 43.416 和 3.618，Intliq 的均值和标准差分别为 27.279 和 8.274，从 Fordebt、Debtserv 和 Intliq 3 个指标数据可以看出，“一带一路”沿线国家之间的外债风险差异较为明显。体现宗教多样性的指标 Score、Frac 和 Pol 的均值分别为 2.354、0.308 和 0.507，标准差分别为 0.559、0.127 和 0.138，数据表明“一带一路”沿线国家宗教文化多样性水平存在明显差异。

表 4.14　变量的描述性统计

	N	Min	Max	Mean	Median	Stdev
Fordebt	490	0.833	50.000	26.269	28.125	6.437
Debtserv	490	5.000	50.000	43.416	47.500	3.618
Intliq	490	0.833	50.000	27.279	30.000	8.274
Score	490	1.000	4.000	2.354	2.000	0.559
Frac	490	0.003	0.953	0.308	0.288	0.127
Pol	490	0.008	0.999	0.507	0.534	0.138
Per	490	0.049	0.990	0.728	0.819	0.249
BIT	490	1.000	119.000	52.456	49.000	23.101
Exp	490	0.720	3.910	2.223	2.310	0.950
GDPp	490	-37.147	19.592	3.009	3.393	3.262
Growth	490	2.258	7.949	4.734	4.761	0.599
Infl	490	-26.866	75.201	5.420	3.539	5.577
Unem	490	0.136	24.000	6.996	4.949	3.274
Law	490	1.500	5.000	3.661	4.000	0.652
Stab	490	4.042	11.500	7.328	7.500	1.277
Bureau	490	0.167	6.000	3.629	4.000	0.915
Democ	490	1.000	4.000	2.026	2.000	0.475

“一带一路”沿线国家主要宗教包括伊斯兰教、佛教、基督教、印度教、犹太教等，其中以伊斯兰教、佛教、基督教为主，样本国家中占比最大宗教为基督教，有 210 个国家年份观测值，其次伊斯兰教的有 190 个观测值。表 4.15 可以观测主要被解释变量、解释变量和控制变量的分组统计，以不同的宗教类别作为分组标量，数据结果显示：在“一带一路”国家样本中，以 Fordebt 衡量国家外债风险时，风险平均值最小为伊斯兰教国家（18.161），其次为犹太教国家（30.021），最大为印度教国家（41.979）。使用另外两个国家外债风险代理变量指标 Debtserv 和 Intliq 衡量得到基本一致的结果。

表 4.15 按宗教划分的变量描述性统计

宗教	变量	Fordebt	Debtserv	Intliq	Frac	Pol	Growth	GDPp	Infl	Unem	Law	Stab	Democ	Bureau
基督教	N	210.000	210.000	210.000	210.000	210.000	210.000	210.000	210.000	210.000	210.000	210.000	210.000	210.000
	Min	2.500	29.583	0.833	0.039	0.078	2.258	−14.814	−9.680	0.500	2.500	4.042	1.000	1.000
	Max	50.000	50.000	50.000	0.953	0.999	10.474	7.126	75.201	24.000	5.000	11.417	6.000	3.500
	Mean	35.637	47.589	30.565	0.420	0.634	4.730	1.957	5.403	9.271	3.899	7.280	2.135	4.654
	Stdev	9.449	4.002	11.403	0.246	0.279	1.089	4.335	8.864	4.947	0.680	1.148	0.821	1.488
伊斯兰教	N	190.000	190.000	190.000	190.000	190.000	190.000	190.000	190.000	190.000	190.000	190.000	190.000	190.000
	Min	0.833	5.000	2.500	0.003	0.008	3.088	−37.147	−26.866	0.136	1.500	4.583	1.000	0.500
	Max	43.333	50.000	50.000	0.681	0.792	19.592	7.949	35.567	17.820	5.000	11.500	5.000	3.500
	Mean	18.161	42.149	26.854	0.196	0.390	4.840	3.477	5.710	6.502	3.788	8.005	2.024	2.779
	Stdev	9.383	9.404	12.207	0.217	0.262	1.289	5.796	11.342	4.367	1.083	1.787	0.599	1.284
佛教	N	50.000	50.000	50.000	50.000	50.000	50.000	50.000	50.000	50.000	50.000	50.000	50.000	50.000
	Min	15.625	45.000	1.250	0.152	0.202	5.059	−1.269	−0.191	0.489	2.500	5.958	1.000	0.167
	Max	43.750	50.000	42.500	0.689	0.908	17.291	7.533	39.178	7.235	4.000	10.500	4.500	2.000
	Mean	31.341	48.679	22.140	0.385	0.559	6.145	5.965	7.146	3.061	3.285	7.964	1.800	3.056
	Stdev	6.254	1.647	11.204	0.193	0.267	0.832	3.391	7.265	2.099	0.641	1.205	0.404	1.189
犹太教	N	10.000	10.000	10.000	10.000	10.000	10.000	10.000	10.000	10.000	10.000	10.000	10.000	10.000
	Min	23.958	42.500	30.000	0.213	0.697	5.045	1.382	0.152	4.215	5.000	5.542	4.000	6.000
	Max	36.042	49.792	50.000	0.213	0.697	5.106	5.224	3.960	9.534	5.000	8.042	4.000	6.000

续表

宗教	变量	Fordebt	Debtserv	Intliq	Frac	Pol	Growth	GDPp	Infl	Unem	Law	Stab	Democ	Bureau
	Mean	30.021	44.938	42.208	0.213	0.697	5.076	3.418	2.098	6.608	5.000	7.163	4.000	6.000
	Stdev	3.923	2.487	6.083	0.000	0.000	0.021	1.174	1.224	1.671	0.000	0.753	0.000	0.000
印度教	N	10.000	10.000	10.000	10.000	10.000	10.000	10.000	10.000	10.000	10.000	10.000	10.000	10.000
	Min	40.417	48.542	35.000	0.403	0.608	4.758	3.891	2.072	2.690	4.000	5.333	3.000	6.000
	Max	43.750	50.000	50.000	0.403	0.608	4.987	10.260	8.984	2.690	4.500	8.417	3.000	6.000
	Mean	41.979	49.750	39.083	0.403	0.608	4.876	7.041	5.824	2.690	4.138	7.092	3.000	6.000
	Stdev	1.012	0.536	5.080	0.000	0.000	0.076	1.732	2.665	0.000	0.224	1.136	0.000	0.000
无神论和其他	N	20.000	20.000	20.000	20.000	20.000	20.000	20.000	20.000	20.000	20.000	20.000	20.000	20.000
	Min	20.833	37.500	25.000	0.460	0.715	4.749	–0.603	–1.492	1.687	2.500	5.708	2.000	2.000
	Max	45.000	50.000	40.000	0.675	0.752	5.439	15.240	7.630	17.488	5.000	11.000	4.000	5.000
	Mean	36.771	47.604	33.563	0.567	0.734	5.105	3.555	1.445	8.425	3.750	8.550	3.000	3.492
	Stdev	8.602	3.630	3.669	0.110	0.019	0.289	3.145	2.103	6.562	1.282	1.634	1.026	1.531

表 4.16 相关系数矩阵

	Fordebt	Debtserv	Intliq	Score	Frac	Pol	Per	GDPp	Growth	Infl	Unem	Law	Stab	Bureau	Democ
Fordebt	1														
Debtserv	0.548	1													
Intliq	0.375	0.311	1												
Score	0.169	0.109	0.188	1											
Frac	0.243	0.122	0.076	0.030	1										
Pol	0.306	0.061	0.077	0.067	0.683	1									
Per	−0.303	−0.186	−0.145	−0.030	−0.718	−0.655	1								
GDPp	−0.091	−0.214	−0.232	0.182	0.228	0.175	−0.116	1							
Growth	−0.092	−0.069	−0.024	−0.022	−0.042	0.015	0.068	0.179	1						
Infl	−0.051	−0.014	0.157	−0.060	0.039	−0.072	0.037	−0.005	0.059	1					
Unem	0.283	0.321	0.055	−0.158	0.063	−0.057	−0.088	−0.057	−0.193	−0.033	1				
Law	0.094	0.084	0.026	−0.028	0.084	0.303	−0.292	−0.174	−0.05	−0.131	−0.018	1			
Stab	−0.242	−0.106	0.012	−0.116	0.086	0.122	−0.079	−0.049	0.195	−0.067	−0.144	0.249	1		
Bureau	0.027	0.065	−0.059	−0.122	0.168	0.405	−0.257	0.027	0.025	−0.281	0.046	0.43	0.08	1	
Democ	0.468	0.317	0.014	−0.001	0.099	0.181	−0.128	0.021	−0.061	−0.132	0.368	−0.061	−0.481	0.311	1

表 4.16 是各变量之间的 Pearson 相关系数矩阵。从相关性分析结果可以看出，除了宗教文化特征的指标存在高度相关性，其他的各变量的两两的相关系数均小于 0.6，即各变量之间的相关系数均不超过多重共线性问题的标准。由于高度相关的 3 个变量均为宗教的代理变量，会分别进行 3 次独立的回归，所以并不存在多重共线性问题，因此，根据多重共线性的判别准则，本部分模型变量之间不存在多重共线性。

2. 回归结果分析

表 4.17 报告了模型 4.2 宗教文化特征与“一带一路”沿线国家外债风险的实证回归结果。首先，表 4.17 报告了宗教多样性和“一带一路”沿线国家外债风险关系的回归结果。当使用 Fordebt 作为被解释变量时，Score 回归系数为 0.189，在 1% 水平下显著；当使用 Debtserv 作为被解释变量时，Score 回归系数为 0.194，在 1% 水平下显著；当使用 Intliq 作为被解释变量时，Score 回归系数为 0.166，在 1% 水平下显著。回归结果一致说明：主要宗教种类数量越多，国家外债风险越大。衡量宗教多样性的另外一个指标 Frac 也反映出一致的结果，当使用 Fordebt 作为被解释变量时，Frac 回归系数为 0.226，在 1% 的水平下显著为正；当使用 Debtserv 作为被解释变量时，Frac 回归系数为 0.106，在 5% 的水平下显著为正；当使用 Intliq 作为被解释变量时，Frac 回归系数为 0.104，在 5% 的水平下显著为正。回归结果支持研究假设 4-2a：“一带一路”沿线国家的宗教多样性越高，国家外债风险越高。结合“一带一路”沿线国家特点，这一结论可以得到合理解释：“一带一路”沿线国家的宗教多样性更多地表现为宗教冲突，引发资源争夺和利益冲突，增加国家支出，增加了国家外债风险，符合寻租理论和社会冲突理论。

本章进一步从宗教制衡方面探讨宗教文化特征对国家外债风险的影响。表 4.17 回归结果指出：当使用 Fordebt 作为被解释变量时，Pol 的回归系数为 0.332，在 1% 的水平下显著为正；当使用 Debtserv 作为被解释变量时，Pol 的回归系数为 0.042，回归结果不显著；当使用 Intliq 作为被解释变量时，Pol 的回归系数为 0.135，在 5% 的水平下显著为正。回归结果支持研究假设 4–2b：“一带一路”沿线国家的宗教制衡度越高，国家外债风险越高。分析其可能原因是，在宗教制衡程度较高的情况下，国家存在多个主流价值观，争执和分歧增大，宗教之间冲突增加，导致国家内耗增加，国家外债风险变高。Montalvo 和 Reynal–Querol（2005a，2005b）的研究也得出类似结果，其研究指出，宗教两极化对投资有负向影响，会增加政府消费和内战发生的可能性，而宗教分散性只对政府消费增加有显著作用。

本章从宗教和谐度方面探讨宗教文化特征对国家外债风险的影响，由回归结果指出：当使用 Fordebt 作为被解释变量时，Per 的回归系数为 –0.261，在 1% 的水平下显著为负；当使用 Debtserv 作为被解释变量时，Per 的回归系数为 –0.144，在 1% 的水平下显著为负；当使用 Intliq 作为被解释变量时，Per 的回归系数 –0.195，在 1% 的水平下显著为负。回归结果支持研究假设 4–2c：“一带一路”沿线国家的宗教和谐度越高，国家外债风险越低。具体分析其原因，当国家存在占比较大的主要宗教时，一方面，国家拥有主流价值观念和主要决策团体，政治稳定性高，社会稳定性高；另外一方面，主流价值观念也使得人们之间沟通障碍减少，交易成本降低。这种集中的状态使得国家内部宗教和谐，此时第一大宗教占比越高，则宗教和谐程度越高，主流意识越明显，决策力度越强，国家外债风险越低。

表 4.18 报告了不同宗教类别对国家外债风险的影响。由于“一带一路”国家中伊斯兰教和基督教是占比最大的两个宗教，其余宗教国家数量过少，因此本章只关注伊斯兰教和基督教对国家外债风险的影响。

表 4.17 “一带一路”沿线国家宗教文化特征与国家外债风险

变量	Fordebt				Debtserv				Intliq			
Score	0.189***				0.194***				0.166***			
	（4.668）				（4.489）				（3.558）			
Frac		0.226***				0.106**				0.104**		
		（5.544）				（2.312）				（2.094）		
Pol			0.332***				0.042				0.135**	
			（7.601）				（0.822）				（2.472）	
Per				−0.261***				−0.144***				−0.195***
				（−6.345）				（−3.186）				（−4.053）
GDPp	−0.026	−0.010	−0.031	−0.038	−0.127***	−0.099**	−0.080*	−0.116***	−0.147***	−0.148***	−0.153***	−0.215***
	（−0.643）	（−0.249）	（−0.769）	（−0.956）	（−2.921）	（−2.132）	（−1.712）	（−2.647）	（−3.126）	（−2.934）	（−3.040）	（−4.599）
Growth	−0.010	0.022	0.020	0.008	0.025	0.021	0.011	0.031	0.001	0.038	0.036	0.029
	（−0.238）	（0.543）	（0.507）	（0.206）	（0.571）	（0.460）	（0.250）	（0.694）	（0.020）	（0.770）	（0.728）	（0.607）
Infl	0.005	0.069*	0.063	−0.024	0.074*	0.037	0.043	0.050	0.172***	0.145***	0.148***	0.175***
	（0.131）	（1.726）	（1.629）	（−0.587）	（1.681）	（0.816）	（0.956）	（1.142）	（3.642）	（2.986）	（3.065）	（3.724）
Unem	0.152***	0.129***	0.177***	0.102**	0.308***	0.269***	0.276***	0.262***	0.015	0.042	0.062	0.010
	（3.522）	（3.103）	（4.333）	（2.451）	（6.669）	（5.748）	（5.828）	（5.714）	（0.297）	（0.832）	（1.213）	（0.215）
Law	0.223***	0.249***	0.197***	0.166***	0.104**	0.114**	0.110**	0.079	0.048	0.058	0.037	−0.019
	（4.885）	（5.493）	（4.397）	（3.582）	（2.129）	（2.240）	（2.118）	（1.552）	（0.904）	（1.045）	（0.660）	（−0.354）

续表

变量	Fordebt				Debtserv				Intliq			
Stab	0.009	-0.049	-0.078	-0.036	0.055	0.005	0.018	0.022	0.039	0.014	0.005	0.032
	(0.175)	(-1.000)	(-1.616)	(-0.755)	(1.052)	(0.089)	(0.328)	(0.426)	(0.693)	(0.227)	(0.077)	(0.562)
Bureau	-0.210***	-0.296***	-0.353***	-0.267***	-0.034	-0.073	-0.071	-0.082	-0.072	-0.109*	-0.097	-0.059
	(-4.313)	(-6.270)	(-7.506)	(-5.627)	(-0.659)	(-1.380)	(-1.299)	(-1.568)	(-1.279)	(-1.723)	(-1.647)	(-1.056)
Democ	0.474***	0.482***	0.426***	0.460***	0.246***	0.240***	0.248***	0.248***	0.098	0.075	0.088	0.053
	(9.024)	(9.292)	(8.270)	(8.906)	(4.386)	(4.122)	(4.137)	(4.369)	(1.610)	(1.307)	(1.373)	(0.882)
R^2	0.225	0.367	0.401	0.346	0.225	0.200	0.192	0.209	0.098	0.063	0.066	0.105
Adj-R^2	0.210	0.354	0.389	0.333	0.210	0.184	0.175	0.193	0.080	0.044	0.047	0.087
F	14.813	28.283	32.718	27.016	14.813	12.207	11.566	13.44	5.517	3.267	3.469	5.968

注：*、**、*** 分别表示系数通过 10%、5%、1% 水平的显著性检验。

表 4.18 “一带一路”沿线国家伊斯兰教、基督教与国家外债风险

变量	Fordebt	Debtserv	Intliq
Islam	-0.052	-0.114**	-0.213***
	(-1.013)	(-2.447)	(-3.171)
Chris	0.507***	0.264***	0.040
	(9.070)	(3.833)	(0.538)
GDPp	0.040	0.102**	0.205***
	(1.112)	(2.335)	(4.458)
Growth	0.044	0.019	0.016
	(1.233)	(0.438)	(0.339)
Infl	0.036	0.048	0.164***
	(1.018)	(1.078)	(3.511)
Unem	0.032	0.269***	0.020
	(0.855)	(5.847)	(0.423)
Law	0.123***	0.100**	-0.004
	(3.039)	(1.999)	(-0.081)
Stab	-0.023	-0.033	-0.041
	(-0.553)	(-0.621)	(-0.745)
Bureau	-0.107**	-0.061	-0.024
	(-2.464)	(-1.159)	(-0.430)
Democ	0.226***	-2.447**	-0.031
	(4.533)	(-2.447)	(-0.490)
R^2	0.490	0.201	0.119
Adj-R^2	0.479	0.101	0.099
F	44.026***	6.835***	6.171***

注：*、**、*** 分别表示系数通过 10%、5%、1% 水平的显著性检验。

表 4.18 回归结果显示：当使用 Fordebt 作为被解释变量时，Islam 的回归系数为 -0.052，回归结果不显著；当使用 Debtserv 作为被解释变量时，Islam 的回归系数为 -0.114，在 5% 的水平下显著为负；当使用 Intliq 作为被解释变量时，Islam 的回归系数为 -0.213，在 1% 的水平下显著为负。其

可能原因是，一方面，伊斯兰教对国家金融系统存在影响，比如伊斯兰教义禁止通过利息获取收益、资金借贷或高利贷，禁止投机行为，尤其禁止以极端不确定、投机和风险为特征的经济交易，禁止投资融资活动获取利息，排斥投机行为。另一方面，伊斯兰教文化也影响信徒生活态度与风险偏好，伊斯兰教提倡勤劳致富，鄙视依靠赌博、投机等手段来获取财物的行为，认为人们应当热爱劳动和保持诚实、勤恳、俭朴的作风，伊斯兰教义极为重视合同的神圣性，在签订和执行合同的过程中，信息要及时充分披露，从而减少由于信息不对称造成的道德风险损害。此外，表 4.18 回归结果显示：当使用 Fordebt 作为被解释变量时，Chris 的回归系数为 0.507，在 1% 的水平下显著为正；当使用 Debtserv 作为被解释变量时，Chris 的回归系数为 0.264，在 1% 的水平下显著为正；当使用 Intliq 作为被解释变量时，Chris 的回归系数为 0.040，回归系数不显著。

3. 稳健性检验

为将国家经济因素和制度因素等影响国家外债风险的因素剖分开来，验证宗教文化特征对沿线国家外债风险的影响，本章使用倾向得分匹配（PSM）方法进行稳健性检验。PSM 的核心思想是，在判断某一变量对另外一个变量影响时，分别确定一组控制组和一组处理组，通过倾向得分的方式找到在处理组与控制组中其他因素最相近的个体进行一一匹配，使得两组的差异就是研究变量产生的“净效应”。通过这种方式，可以最大限度地排除掉其他响应因素的干扰。综上，本章根据一国宗教多样性（宗教制衡度、宗教和谐度）程度的高低将“一带一路”沿线国家分为两组：高宗教多样性（宗教制衡度、宗教和谐度）程度的处理组，低宗教多样性（宗教制衡度、宗教和谐度）程度的控制组。通过采用国家经济因素和政治制度等多方面特征要素估计倾向得分，采用最近邻匹配方法一一匹配，选择与处理组中的倾向得分最接近的控制组样本作为匹配对象，通过倾向得分匹配方法，使得两组中的国家经济状况和政治制度等方面因素处于无差别的均衡状态。同时，本章采用 500 次 Bootstrap 模拟以克服小样本可能导致的偏误。

为检验宗教多样性与国家外债风险之间的关系，本部分选择匹配容差是 0.05，共得到 168 对匹配的样本。首先，基于匹配后筛选出的样本进行独立样本检验，结果如表 4.19。由结果可知，变量 p 值均大于 0.1，可以认为匹配结果符合平衡性要求。进一步采用匹配后的样本进行回归检验，结果如表 4.20 所示：当因变量为 Fordebt 时，Frac 回归系数为 0.075，在 10% 水平下显著；当因变量为 Debtserv 时，Frac 回归系数为 0.088，在 10% 水平下显著；当因变量为 Intliq 时，Frac 回归系数为 0.006，回归结果不显著；回归结果支持了本章研究假设 4–2a "一带一路"沿线国家的宗教多样性越高，国家外债风险越高。

表 4.19 "一带一路"沿线国家宗教多样性倾向得分匹配平衡性检验结果

Variables	Mean		Sig（2–tailed）
GDPp	control	5.101	0.331
	treated	5.213	
Growth	control	3.451	0.384
	treated	3.037	
Infl	control	3.953	0.179
	treated	5.428	
Unem	control	5.748	0.563
	treated	6.079	
Law	control	3.861	0.623
	treated	3.906	
Stab	control	7.820	0.647
	treated	7.739	
Bureau	control	2.320	0.872
	treated	2.306	
Democ	control	4.149	0.493
	treated	4.027	

表 4.20 “一带一路”沿线国家宗教多样性倾向得分匹配回归结果

Variables	Fordebt	Debtserv	Intliq
Frac-dummy	0.075*	0.088*	0.006
	(1.729)	(1.782)	(0.104)
Control variables	included	included	included
No.	336	336	336
Adj-R^2	0.314	0.201	0.036
F	18.052***	10.380***	3.386***

注：(1)*、**、*** 分别表示系数通过 10%、5%、1% 水平的显著性检验；(2)实证回归采用 Bootstrap 模拟 500 次以克服小样本偏误。

为检验宗教制衡度与“一带一路”沿线国家外债风险之间的关系，本部分选择匹配容差是 0.05，共得到 126 对匹配的样本。基于匹配后筛选出的样本进行独立样本检验，结果如表 4.21。由结果可知，变量 p 值均大于 0.1，匹配结果符合平衡性要求。进一步采用匹配后的样本进行回归检验，结果如表 4.22 所示。回归结果表明，宗教制衡度高的国家其债务风险高，支持了本章研究假设 4-2b“一带一路”沿线国家的宗教制衡度越高，其国家外债风险越高。

表 4.21 “一带一路”沿线国家宗教制衡度倾向得分匹配平衡性检验结果

Variables	Mean		Sig (2-tailed)
GDPp	control	5.091	0.365
	treated	4.948	
Growth	control	3.188	0.707
	treated	2.988	
Infl	control	5.934	0.389
	treated	4.803	
Unem	control	5.864	0.964
	treated	5.893	
Law	control	3.702	0.767
	treated	3.790	

续表

Variables	Mean		Sig（2-tailed）
Stab	control	7.661	0.458
	treated	7.716	
Bureau	control	2.105	0.439
	treated	2.174	
Democ	control	3.822	0.766
	treated	3.880	

表 4.22 “一带一路”沿线国家宗教制衡度倾向得分匹配回归结果

Variables	Fordebt	Debtserv	Intliq
Pol-dummy	0.131***	0.050	0.032
	（2.966）	（1.053）	（0.625）
Control variables	included	included	included
No.	252	252	252
Adj-R^2	0.289	0.177	0.055
F	22.099***	12.198***	4.047***

注：（1）*、**、*** 分别表示系数通过 10%、5%、1% 水平的显著性检验；（2）实证回归采用 Bootstrap 模拟 500 次以克服小样本偏误。

为检验宗教和谐度与沿线国家外债风险之间的关系，本部分的研究选择匹配容差是 0.05，共得到 145 对匹配的样本。基于匹配后筛选出的样本进行独立样本检验，结果如表 4.23。由结果可知，变量 p 值均大于 0.1，匹配结果符合平衡性要求。进一步采用匹配后的样本进行回归检验，回归结果如表 4.24 所示：当因变量为 Fordebt 时，Per 回归系数为 -0.311，在 1% 水平下显著；当因变量为 Debtserv 时，Per 回归系数为 -0.119，在 1% 水平下显著；当因变量为 Intliq 时，Per 回归系数为 -0.254，在 1% 水平下显著。回归结果支持了本章研究假设 4-2c “一带一路”沿线国家的宗教和谐度越高，国家外债风险越低。

表 4.23 “一带一路”沿线国家宗教和谐度倾向得分匹配平衡性检验结果

Variables	Mean		Sig（2-tailed）
GDPp	control	5.233	0.666
	treated	5.178	
Growth	control	2.531	0.471
	treated	2.988	
Inf	control	4.679	0.476
	treated	5.339	
Unem	control	6.682	0.863
	treated	6.574	
Law	control	4.032	0.602
	treated	4.088	
Stab	control	7.778	0.545
	treated	7.873	
Bureau	control	2.428	0.811
	treated	2.407	
Democ	control	4.075	0.986
	treated	4.072	

表 4.24 “一带一路”沿线国家宗教和谐度倾向得分匹配回归结果

Variables	Fordebt	Debtserv	Intliq
Per-dummy	-0.311***	-0.119***	-0.254***
	(-7.045)	(-2.242)	(-4.817)
Control variables	included	included	included
No.	290	290	290
$Adj\text{-}R^2$	0.440	0.188	0.200
F	26.182***	8.447***	9.038***

注：（1）*、**、*** 分别表示系数通过 10%、5%、1% 水平的显著性检验；（2）实证回归采用 Bootstrap 模拟 500 次以克服小样本偏误

第四节 语言多样性对沿线国家外债风险的影响实证研究

一、理论分析和研究假设

中国和印度作为飞速发展的亚洲两大经济体，在语言文化方面呈现出不同特点。印度是世界上拥有语言数量最多的国家之一，其语言涉及印欧、汉藏、南亚和达罗毗荼 4 种语系，印度的语言和方言的总数高达 1652 种，而中国语言多样性相对较低，是以汉藏语系为主，其次是阿尔泰语系。与中国相比，印度国家外债风险明显较高：印度中央银行数据显示，截至 2018 年，印度公共债务约 1.19 万亿美元（包括各邦的债务），占 GDP 比例为 71%，但印度外汇储备仅为 4017.76 亿美元[①]，而中国政府债务占 GDP 比例为 47%，外汇储备超过 3 万亿美元[②]。两国的差距形成的原因较为复杂，但是其中文化的作用不可忽视。语言作为非正式制度中文化的一种表征符号，承载着习俗、认知和预期系统等特征，是决定国家社会及个体的价值观念和偏好的关键因素之一。语言多样性在偿债能力和偿债意愿两个方面影响国家外债风险。

语言多样性降低国家偿债能力。语言多样性带来文化差异，一方面使得国家内部信息不对称程度高、信任水平低，造成市场分裂、贸易受阻、投资效率低下，不同文化群体之间的协调和合作效率低，影响生产效率，阻碍了经济发展，降低国家收入水平；另一方面，不同文化群体行为规范、态度与价值观均有不同，导致群体偏好不同和意见不统一，可能引发国家内部的冲突和不稳定，增加国家财政支出。此外，语言作为一种沟通

① 数据来源：https：//www.rbi.org.in/.

② 数据来源：https：//zh.tradingeconomics.com/china/government-debt-to-gdp.

工具，使用不同语言带来的沟通障碍，增加了交易成本，例如贸易中的谈判成本、缔约成本、履约成本等。国家为降低国内语言沟通障碍而花费的翻译费用和语言教育费用均会增加财政支出。语言沟通障碍虽然可以通过翻译或者第二语言的习得部分消除，但是母语承载的价值观和偏好的不同仍然会带来文化差异，这种差异始终会影响人们的经济行为和决策。

语言多样性降低国家偿债意愿。社会类化理论指出，人们通过将自己和他人归类到不同社会类别来定义自我，归入到某一社会类别后呈现“去个性化”，将自己当作类别中的一员，同时对自己所属的群体产生社会认同感。一旦社会类化过程发生，人们将遵循“正面自我认同”的原则，赋予自己所属的群体正面评价，同时将负面特征强加于其他群体。社会认同使得群体成员产生“内群体—外群体”的感知，对同属内群体的成员产生好感，而排斥其他群体成员，对外群体成员持有偏见，认为他们不值得信任，社会类化过程会导致刻板印象和歧视现象日益严重。当国家内部存在多种语言时，人们会根据语言进行自我类化，进而产生社会分裂。面对外部债务，国家偿还债务在短期内影响部分公民收入水平和福利保障，而国家违约损害国际声誉，长远角度会损害国家和人民利益。分裂程度越大，人们越倾向考虑自身利益和获取短期利益，越少考虑他人利益和国家整体利益，因此偿债意愿越低。基于以上分析，本章提出研究假设 4–3a、4–3b。

研究假设 4–3a：“一带一路”沿线国家的语言两极化程度越高，其国家债务风险越大。

研究假设 4–3b：“一带一路”沿线国家的语言分散化程度越高，其国家债务风险越大。

本部分逻辑框架如图 4.2 所示。

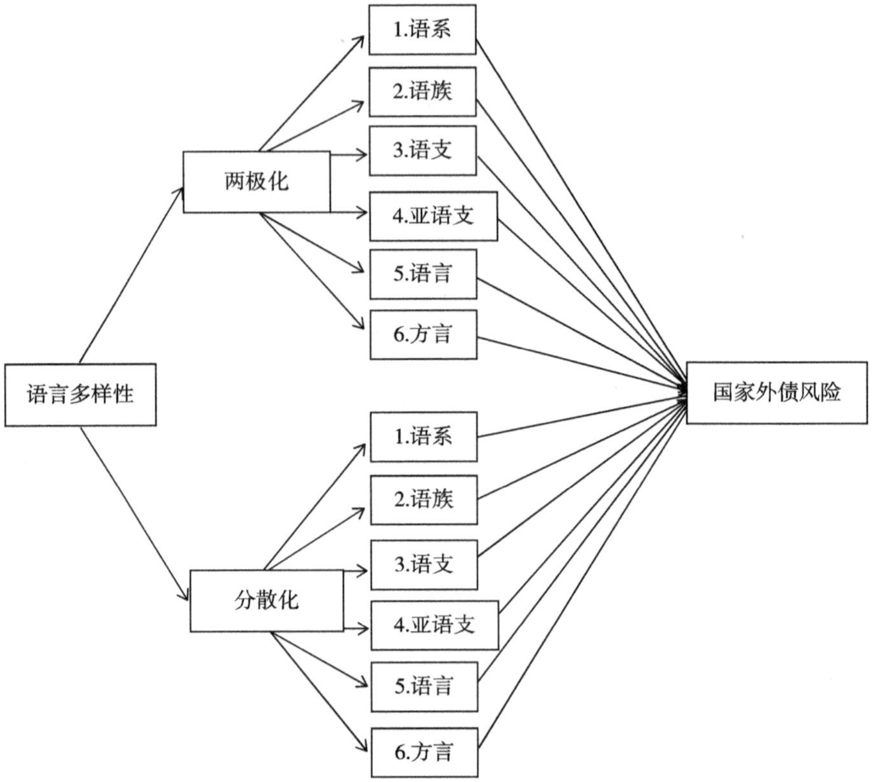

图 4.2　语言多样性对国家外债风险的影响逻辑框架图

二、研究设计

1. 变量定义与数据来源

（1）被解释变量

与前文一致，本章节从偿债能力和流动性两方面衡量国家外债风险，参考以往文献，具体从偿债能力和流动性角度选取外债占 GDP 的比例（Fordebt）、外债偿还额占出口比重（Debtserv）、政府所持有的国际储备资产与进口商品金额比值（Intliq）3 个指标数据衡量政府债务风险。为使 3 个国家外债风险指标方向一致，使数据便于处理、比较和解释分析，数值参照ICRG的数据处理方法，将变量转化为得分，得分越高，国家外债风险越大；得分越低，国家外债风险越小；数值得分满分50分，最低0分。

（2）解释变量

语言分散化：为研究国家语言分散性程度，本文使用Taylor和Hudson（1972）构造的种族语言差异程度指标[190]，Dow et al.（2016）在语言多样性研究中也使用此指标[105]，其公式为：

$$Frac_i = 1 - \sum_{i=1}^{N} \pi_i^2$$

其中π_i代表一国使用i语言的人口比例。本章节按语言谱系分类法将一国的语言按1语系—2语族—3语支—4亚语支—5语言—6方言6级划分，计算出6个不同深度的语言分散程度指标：Frac（1）~ Frac（6），Frac（1）表示语系层级的分散程度指标，分裂程度最深；Frac（6）表示不同方言层级的分散程度指标，分裂程度最浅。在各层级上，语言分散化程度越高，Frac数值越大。

语言两极化：语言两极化程度指一国主要语言使用的人口比例接近程度，此比例越接近，语言两极化程度越高，两极化指标可以更好地衡量语言多样性引发的冲突程度。本章节使用Montalvo和Reynal-Querol（2005a，2005b）提出的两极化指标衡量，公式为：

$$Pol_i = 1 - \left(\sum_{i=1}^{N} \frac{0.5 - \pi_i}{0.5} \right)^2 \pi_i$$

π_i代表一国使用i语言的人口比例。与Frac相同，Pol也按语言谱系分类法计算出6个不同深度的语言两极化程度指标：Pol（1）~ Pol（6），Pol（1）表示语系层级的两极化程度，分裂程度最深；Pol（6）表示方言层级的两极化程度，分裂程度最浅。对比Frac和Pol，当一国所有国民均使用不同语言时，Frac值取最大值1；而当一国只存在两种语言，且使用人口比例各占50%时，Pol值最大，语言两极化程度最高。

内部冲突：本章节使用ICRG中的内部冲突指标，分别从内战或政变的威胁、恐怖主义或政治暴力、民间动乱 3 方面实际情况和潜在影响，综合地衡量国家存在的内部冲突程度。

（3）控制变量

与上文一致，为研究语言多样性与国家外债风险的关系，并根据理论基础和数据的可得性，本章节基于现有研究分别控制国家经济因素和制度因素等控制变量，具体包括经济发展水平、经济增长率、通货膨胀率、失业率、法律与秩序、政府稳定性、官僚主义和民主责任。本章节使用变量详见表 4.25。

表 4.25 变量定义

变量类型	变量名称		变量符号	具体定义
被解释变量	国家外债风险		Fordebt	国家某一年的外债总额除以国内生产总值的比值
			Debtserv	国家某一年的外债偿还额除以该年商品和服务出口总额的比值
			Intliq	国家某一年的官方储备总额除以平均进口商品金额和服务费用总额的比值
解释变量	语言多样性	语言分散化	Frac	$Frac_i = 1 - \sum_{i=1}^{N} \pi_i^2$
		语言两极化	Pol	$Pol_i = 1 - \sum_{i=1}^{N} \left(\frac{0.5 - \pi_i}{0.5} \right)^2 \pi_i$
控制变量	经济因素	经济发展水平	GDPp	人均 GDP 取自然对数
		经济增长率	Growth	GDP 年增长率
		通货膨胀率	Infl	GDP 平减指数
		失业率	Unem	长期失业率指标
	制度因素	法律与秩序	Law	ICRG 法律与秩序指数
		政府稳定性	Stab	ICRG 政府稳定性指数
		官僚主义	Bureau	ICRG 官僚主义指数
		民主责任	Democ	ICRG 民主责任指数

（4）数据来源

国家语言多样性数据来源于 Desmet et al.（2012）和国际语言中心

（International Linguistics Center）提供的世界各国语言数据。结合“一带一路”沿线国家的实际情况，本专著按语言谱系将“一带一路”国家的语言按 1 语系—2 语族—3 语支—4 亚语支—5 语言—6 方言 6 个层次进行分层，使用 Frac 和 Pol 两个公式分别在 6 个层次计算出 6 个语言分散程度和语言两极化程度。语言谱系分类，是根据语言的历史来源或语言的亲属关系对世界上的语言进行分类的方法，此方法把有亲属关系的语言归在一起，把没有历史同源关系的语言互相分开，通过此方法，可以更清晰和系统地掌握“一带一路”沿线国家的语言多样性情况，进而从不同层次探讨语言多样性对沿线国家外债风险的影响。本专著以“一带一路”沿线 65 个国家官方语言为例，具体列示了语言谱系分类表，由于国家方言种类繁多，故本章以官方语言为例，表 4.26 足以呈现出“一带一路”沿线国家的语言谱系分类的方法和各国官方语言之间的关系。

表 4.26 “一带一路”沿线国家主要语言谱系分类

语系	语族	语支	亚语支	语言
印欧	阿尔巴尼亚	托斯克		阿尔巴尼亚语
	波罗的	东部的		拉脱维亚语
				立陶宛语
	意大利语	罗曼	东罗曼	罗马尼亚语
			西罗曼	葡萄牙语
	日耳曼语	西日耳曼语	英语	英语
	斯拉夫	东斯拉夫		白俄罗斯语
				俄语
				乌克兰语
		南斯拉夫	东部	保加利亚语
				马其顿语
			西部	黑山语
				克罗地亚语
				波斯尼亚语
				塞尔维亚语
				斯洛文尼亚语

续表

语系	语族	语支	亚语支	语言
印欧		西斯拉夫	莱赫	波兰语
			捷克－斯洛伐克	捷克语
				斯洛伐克语
	希腊	希腊		希腊语
	亚美尼亚	亚美尼亚		亚美尼亚语
	印度—伊朗	伊朗	东部	普什图语
			西部	波斯语
				塔吉克语
		印度		迪维希语
			东部	孟加拉语
			北部	尼泊尔语
			僧伽罗语－马尔代夫	僧伽罗语
			印地	乌尔都语
				印地语
汉藏	汉	汉		汉语
	藏缅	缅	缅甸	缅甸语
		藏	夏尔巴	宗卡语
	壮侗	壮傣	老挝语	老挝语
			泰语	泰语
德拉威	南部	泰米尔－坎纳达语	泰米尔－达骨	泰米尔语
南亚	孟－高棉	东孟－高棉	高棉语	高棉语（中心的）
		越芒	越南语	越南语
高加索	南高加索	格鲁吉亚		格鲁吉亚语
阿尔泰	蒙古	东部	蒙古	蒙古语
	突厥	东部	葛逻禄	乌兹别克语
		西部	克普恰克	哈萨克语
		南部	乌古斯	阿塞拜疆语
				土耳其语
				土库曼语

续表

语系	语族	语支	亚语支	语言
南岛	马来－波利尼西亚	中央－菲律宾	中心－菲律宾	菲律宾语
		马来	马来	马来语
				印尼语
		中、东部	东部 马来－波利尼西亚	德顿语
亚非语系	闪米特语	中心的	南部	希伯来语
				阿拉伯语
乌拉尔	芬兰－乌戈尔	芬兰	芬兰	爱沙尼亚语
		乌戈尔	匈牙利语	匈牙利语

注：资料来源 Desmet et al.（2012）、王辉和王亚蓝（2016）[195]、国际语言中心数据，经作者整理。

国家外债风险指标数据和控制变量中反映国家经济因素指标数据均来源世界银行数据库和 IMF 数据库。控制变量中反映制度因素指标数据来自美国政治风险服务集团提供的 ICRG 数据，得分越高表示国家在该方面表现越好。

根据数据的充分性和可得性，本研究选取中国社会科学院发布的《“一带一路”沿线国家工业化发展报告》中包含的 65 个“一带一路”沿线国家，研究涵盖从 2008 年到 2017 年共计 10 年数据。剔除数据缺失的国家年份后，共计 500 个观测值。

2. 检验模型设计

为了检验本章的研究假设 4–3，语言多样性影响“一带一路”沿线国家外债风险，本章构建了如下回归模型：

$$Risk_{it} = \beta_0 + \beta_1 \text{Lang}_{it} + \beta_2 \text{GDPp}_{it} + \beta_3 \text{Growth}_{it} + \beta_4 \text{Inf}_{it} + \beta_5 \text{Unem}_{it} + \beta_6 \text{Law}_{it} + \beta_7 \text{Stab}_{it} + \beta_8 \text{Bureau}_{it} + \beta_9 \text{Democ}_{it} + \varepsilon_{it} \quad (4.3)$$

其中，Lang 是表示语言多样性的主要测试变量。假设 4–3a，当 Lang 代表语言两极化程度时，用 Pol 指标衡量，预期主要测试 Pol 的自变量系数显著为负。假设 4–3b，当 Lang 是语言分散化程度，用 Frac 衡量，预期

Frac 系数显著为负。

三、实证结果与分析

1. 描述性统计分析

表 4.27 中，Frac（1）和 Pol（1）的平均值分别为 0.187 和 0.337，当划分逐渐精细，语言多样性程度逐渐升高，Frac（6）和 Pol（6）分别为 0.461 和 0.567。由此可以看出，“一带一路”沿线国家按语言谱系分类法不同精细程度来衡量的语言多样性程度明显不同，且对语言越精细划分，多样性程度越高，因此，对语言多样性的经济后果研究时，使用不同层次划分方式很可能得出不同的结论。

表 4.27　变量的描述性统计

	Mean	Stdev	Min	Max
Frac（1）	0.187	0.180	0.000	0.611
Frac（2）	0.242	0.178	0.000	0.639
Frac（3）	0.303	0.202	0.016	0.783
Frac（4）	0.339	0.219	0.025	0.798
Frac（5）	0.367	0.236	0.025	0.887
Frac（6）	0.461	0.228	0.060	0.910
Pol（1）	0.337	0.310	0.000	0.969
Pol（2）	0.421	0.290	0.000	0.964
Pol（3）	0.466	0.253	0.033	0.938
Pol（4）	0.480	0.238	0.048	0.880
Pol（5）	0.484	0.226	0.048	0.872
Pol（6）	0.567	0.199	0.116	0.914

表4.28中Frac（1）和Frac（6）相关性系数为0.469，Pol（1）和Pol（6）

相关性系数仅为 0.253，Frac（1）与 Pol（1）相关系数高达 0.984，Frac（6）与 Pol（6）之间的相关系数 0.598，由此可见，一国深层次的语言分散程度与深层次的两极化程度高度相关；而当划分更加精细时，所体现的浅层次的语言分散度与两极化程度相关性降低。

表 4.28 “一带一路”沿线国家语言多样性指标相关系数矩阵

	Frac（1）	Frac（2）	Frac（3）	Frac（4）	Frac（5）	Frac（6）	Pol（1）	Pol（2）	Pol（3）	Pol（4）	Pol（5）	Pol（6）
Frac（1）	1.000											
Frac（2）	0.819	1.000										
Frac（3）	0.682	0.788	1.000									
Frac（4）	0.619	0.721	0.928	1.000								
Frac（5）	0.573	0.647	0.886	0.961	1.000							
Frac（6）	0.469	0.444	0。676	0.723	0.768	1.000						
Pol（1）	0.984	0.800	0.649	0.594	0.554	0.441	1.000					
Pol（2）	0.759	0.977	0.755	0.687	0.610	0.394	0.768	1.000				
Pol（3）	0.650	0.831	0.888	0.841	0.828	0.595	0.665	0.857	1.000			
Pol（4）	0.584	0.729	0.805	0.864	0.840	0.571	0.597	0.755	0.921	1.000		
Pol（5）	0.528	0.688	0.765	0.793	0.796	0.500	0.537	0.713	0.879	0.963	1.000	
Pol（6）	0.244	0.327	0.294	0.285	0.241	0.598	0.253	0.355	0.372	0.420	0.434	1.000

表 4.29　相关系数矩阵

	Fordebt	Debtserv	Intliq	BIT	GDPp	Growth	Infl	Unem	Law	Stab	Bureau	Democ
Fordebt	1											
Debtserv	0.548	1										
Intliq	0.375	0.311	1									
BIT	0.106	0.077	0.024	1								
GDPp	–0.091	–0.214	–0.232	–0.131	1							
Growth	–0.092	–0.069	–0.024	–0.088	0.179	1						
Infl	–0.051	–0.014	0.157	0.085	–0.005	0.059	1					
Unem	0.283	0.321	0.055	0.234	–0.057	–0.193	–0.033	1				
Law	0.094	0.084	0.026	0.190	–0.174	–0.050	–0.131	–0.018	1			
Stab	–0.242	–0.106	0.012	–0.231	–0.049	0.195	–0.067	–0.144	0.249	1		
Bureau	0.027	0.065	–0.059	0.039	0.027	0.025	–0.281	0.046	0.430	0.080	1	
Democ	0.468	0.317	0.014	0.273	0.021	–0.061	–0.132	0.368	–0.061	–0.481	0.311	1

表 4.29 报告了回归模型中各变量之间的 Pearson 相关系数矩阵。可以看出，除了国家外债风险指标存在较高程度的相关性，其他的各变量的两两的相关系数均远小于 0.6，即各变量之间的相关系数均不超过多重共线性问题的标准。由于相关程度较高的变量均为国家外债风险的代理变量，会分别进行 3 次独立的回归，所以并不存在多重共线性问题，因此，根据多重共线性的判别准则，本部分模型变量之间不存在多重共线性。

2. 回归结果分析

表 4.30 报告了模型 4.3 中用语言两极化衡量的语言多样性对国家外债风险影响的回归结果。整体上，按 1 ~ 6 级计算的 Pol 指标分别与 Fordebt、Debtserv 和 Intliq 关系的回归系数均为正，说明国家语言两极化程度越高，国家外债风险越高。具体来说，当因变量为 Debtserv 时，Pol（2）~ Pol（6）的系数均显著为正，说明除了依据语族这一最粗略划分方式以外，使用其他层次划分语言两极化进行回归分析，均可以发现语言两极化增加了一国的外债占出口比率。当因变量为 Fordebt 时：Pol（2）回归系数为 0.122，在 1% 水平下显著为正；Pol（5）回归系数为 0.138，在 1% 水平下显著为正。当因变量为 Intliq 时，Pol（5）回归系数为 0.127，在 1% 水平下显著为正。回归结果支持研究假设 4–3a：“一带一路”沿线国家的语言两极化程度越高，其国家债务风险越大。

进一步分析语言两极化对国家外债风险影响的可能机制。研究从语言两极化引发的冲突角度考虑，使用 Hayes（2013）提出的 Bootstrap 法进行中介效应检验，使用模型 4.3 中使三个回归结果都显著的 Pol（5）衡量语言两极化检验中介效应，结果见表 4.31。Bootstrap 检验结果显示，当因变量为 Fordebt 时，IntConf 间接作用区间跨度为 0.777 ~ 3.040，不包括 0，说明内部冲突的中介效应显著；IntConf 直接作用区间跨度为 2.023 ~ 10.648，不包括 0，说明内部冲突起到部分中介的作用。当因变量为 Debtserv 和 Intliq 时，也得到同样结论。实证结果表明，国家内部冲突在语言两极化对国家外债风险影响中起到部分中介作用。语言两极化造成的文化冲突、价值观差异和信任缺失引发了群体分裂和冲突，一方面阻碍了国家经济发展、降低了财政收入，另外一方面增加了缓解冲突和分裂所需的财政支出，总体来看降低了国家的偿债能力，提高了国家外债风险。

表 4.32 报告了模型 4.3 中语言分散性指标 Frac 分别与 Fordebt、Debtserv 和 Intliq 关系的回归结果。当因变量为 Fordebt 时，Frac（2）回归系数为 0.124，在 1% 水平下显著为正；当因变量为 Debtserv 时，Frac（2）回归系数为 0.096，在 5% 水平下显著为正；当因变量为 Intliq 时，Frac（2）回归系数为 0.003，结果不显著。其他依据浅层划分的语言分散性指标的回归系数不显著。数据结果基本支持研究假设 4-3b："一带一路"沿线国家的语言分散化程度越高，其国家债务风险越大。

与语言两极化不同，语言分散化结果指出，只有深层的分散化才会引发国家外债风险。原因是深层的分散化来自更大的差别，例如东方社会和西方社会间的文化差异，这种较大差异产生的影响更多体现的是历史悠久的分离和文化观点的冲突导致的深层分裂。而精细划分到方言所得的分散化来自较小差别带来的差异，造成的分裂程度较浅，团结和共情作用尽管难以填补深层次的分裂，但可以填补浅层分裂。

表 4.30 "一带一路"沿线国家语言两极化与国家外债风险

Panel A：Fordebt						
	Pol（1）	Pol（2）	Pol（3）	Pol（4）	Pol（5）	Pol（6）
Pol	0.013	0.122***	0.033	0.050	0.138***	–0.005
	（0.297）	（2.991）	（0.814）	（1.222）	（3.438）	（–0.096）
GDPp	0.012	0.003	0.014	0.014	0.010	0.009
	（0.284）	（0.078）	（0.333）	（0.357）	（0.242）	（0.214）
Growth	–0.008	–0.010	–0.010	–0.008	–0.008	0.007
	（–0.198）	（–0.244）	（–0.233）	（–0.199）	（–0.183）	（0.168）
Infl	–0.013	–0.007	–0.012	–0.018	–0.015	–0.013

续表

	(-0.312)	(-0.156)	(-0.281)	(-0.417)	(-0.376)	(-0.307)
Unem	0.125***	0.129***	0.132***	0.139***	0.152***	0.126***
	(2.733)	(2.881)	(2.918)	(3.035)	(3.439)	(2.806)
Law	0.255***	0.228***	0.252***	0.249***	0.238***	0.255***
	(5.372)	(4.725)	(5.320)	(5.237)	(5.183)	(5.366)
Stab	-0.004	-0.025	-0.011	-0.014	-0.027	-0.005
	(-0.070)	(-0.494)	(-0.220)	(-0.274)	(-0.545)	(-0.097)
Bureau	-0.237***	-0.233***	-0.239***	-0.233***	-0.225***	-0.239***
	(-4.683)	(-4.665)	(-4.776)	(-4.627)	(-4.648)	(-4.725)
Democ	0.491***	0.487***	0.490***	0.486***	0.501***	0.490***
	(9.155)	(9.165)	(9.160)	(9.085)	(9.667)	(8.715)
R^2	0.304	0.317	0.305	0.306	0.321	0.304
Adj-R^2	0.29	0.304	0.291	0.293	0.308	0.291
F	22.326***	23.740***	22.418***	22.550***	24.199***	22.352***

Panel B：Debtserv

	Pol (1)	Pol (2)	Pol (3)	Pol (4)	Pol (5)	Pol (6)
Pol	0.034	0.114***	0.168***	0.155***	0.196***	0.105**
	(0.724)	(2.615)	(3.926)	(3.616)	(4.611)	(2.171)
GDPp	-0.085**	-0.092**	-0.102**	-0.090**	-0.090**	-0.052**
	(-1.923)	(-2.136)	(-2.375)	(-2.109)	(-2.136)	(-1.167)
Growth	0.057	0.055	0.049	0.057	0.058	0.060
	Pol (1)	Pol (2)	Pol (3)	Pol (4)	Pol (5)	Pol (6)
	(1.258)	(1.229)	(1.104)	(1.274)	(1.311)	(1.334)
Infl	0.068	0.073	0.072	0.055	0.053	0.065
	(1.550)	(1.669)	(1.676)	(1.282)	(1.231)	(1.498)
Unem	0.307***	0.303***	0.325***	0.334***	0.342***	0.297***
	(6.443)	(6.515)	(6.983)	(7.082)	(7.328)	(6.357)
Law	0.149***	0.122***	0.141***	0.135***	0.128***	0.148***
	(3.017)	(2.426)	(2.910)	(2.772)	(2.651)	(3.011)
Stab	0.052	0.038	0.034	0.036	0.030	0.054
	(0.961)	(0.713)	(0.654)	(0.678)	(0.576)	(1.021)
Bureau	-0.064	-0.053	-0.064	-0.044	-0.044	-0.045

续表

	(-1.225)	(-1.022)	(-1.240)	(-0.854)	(-0.861)	(-0.860)
Democ	0.299***	0.289***	0.292***	0.285***	0.282***	0.337***
	(5.358)	(5.210)	(5.312)	(5.167)	(5.162)	(5.761)
R^2	0.211	0.222	0.236	0.232	0.245	0.218
Adj-R^2	0.196	0.206	0.221	0.217	0.23	0.203
F	13.669	14.556	15.763	15.434	16.586	14.258
Panel C：Intliq						
	Pol(1)	Pol(2)	Pol(3)	Pol(4)	Pol(5)	Pol(6)
Pol	-0.099	0.025	0.008	0.061	0.127***	-0.02
	(-1.092)	(0.523)	(0.179)	(1.293)	(2.736)	(-0.383)
GDPp	-0.128***	-0.152***	-0.150***	-0.153***	-0.157***	-0.154***
	(-2.702)	(-3.230)	(-3.182)	(-3.285)	(-3.380)	(-3.174)
Growth	-0.046	-0.046	-0.046	-0.046	-0.045	-0.046
	(-0.933)	(-0.944)	(-0.943)	(-0.939)	(-0.930)	(-0.947)
Infl	0.198***	0.202***	0.201***	0.196***	0.191***	0.201***
	(4.217)	(4.274)	(4.255)	(4.153)	(4.079)	(4.259)
Unem	-0.015	0.004	0.004	0.016	0.03	0.004
	(-0.293)	-0.07	-0.082	-0.309	-0.588	-0.073
Law	0.041	0.031	0.037	0.032	0.023	0.038
	(0.778)	(0.573)	(0.693)	(0.593)	(0.439)	(0.711)
Stab	0.084	0.06	0.063	0.055	0.046	0.065
	(1.463)	(1.036)	(1.097)	(0.964)	(0.803)	(1.141)
Bureau	-0.045	-0.058	-0.06	-0.054	-0.05	-0.063
	(-0.790)	(-1.038)	(-1.067)	(-0.956)	(-0.892)	(-1.103)
Democ	0.147**	0.152**	0.153**	0.149**	0.144**	0.146**
	(2.452)	(2.512)	(2.539)	(2.464)	(2.397)	(2.302)
	Pol(1)	Pol(2)	Pol(3)	Pol(4)	Pol(5)	Pol(6)
R^2	0.087	0.08	0.079	0.082	0.094	0.079
Adj-R^2	0.069	0.062	0.061	0.064	0.076	0.061
F	4.862	4.416	4.387	4.585	5.286	4.401

注：*、**、*** 分别表示系数通过 10%、5%、1% 水平的显著性检验。

表 4.31 “一带一路”沿线国家语言两极化、内部冲突与国家外债风险

	Fordebt	Debtserv	Intliq
Pol	6.336***	5.860***	5.293**
	(2.887)	(4.260)	(2.050)
IntConf	1.992***	0.480**	3.706***
	(5.480)	(2.106)	(8.663)
GDPp	-0.054	-0.593**	-2.160***
	(-0.128)	(-2.239)	(-4.344)
Growth	0.045	0.093	0.010
	(0.460)	(1.507)	(0.086)
Infl	-0.035	0.038	0.249***
	(-0.657)	(1.143)	(3.997)
Unem	0.321***	0.528***	-0.111
	(2.595)	(6.820)	(-0.767)
Law	1.840***	0.678	-2.384**
	(2.752)	(1.617)	(-3.030)
Stab	-0.748*	0.023	-0.573
	(-1.811)	(0.088)	(-1.180)
Bureau	-4.100***	-0.530	-1.762**
	(-5.392)	(-1.113)	(-1.968)
Democ	3.255***	1.107***	0.146
	(8.342)	(4.524)	(0.317)
R^2	0.348	0.248	0.224
F	23.932***	14.787***	12.967***
Indirect effect	1.823	0.439	3.391
ULCI	3.040	0.939	5.611
LLCI	0.777	0.078	1.471
Conclusion	显著	显著	显著
Direct effect	6.336	5.860	5.293
ULCI	10.648	8.564	10.368
LLCI	2.023	3.156	0.219
Conclusion	部分中介	部分中介	部分中介

注：(1) 括号内为标准差；*、**、*** 分别表示在 10%、5%、1% 的水平下显著；(2) 采取 Bootstrap 对经济发展的中介效应进行区间检验，设置循环次数为 500，LLCI 为 95% 置信区间的下限值，ULCI 为 95% 置信区间的上限。

表 4.32 “一带一路”沿线国家语言分散化与国家外债风险

	Fordebt	Debtserv	Intliq
Frac（2）	0.124***	0.096**	0.003
	（2.989）	（2.165）	（0.060）
GDPp	0.006	−0.088**	−0.149***
	（0.141）	（−2.035）	（−3.177）
Growth	−0.009	0.057	−0.046
	（−0.208）	（1.260）	（−0.936）
Infl	−0.007	0.071	0.201***
	（−0.163）	（1.637）	（4.250）
Unem	0.133***	0.307***	0.003
	（2.983）	（6.569）	（0.062）
Law	0.232***	0.130***	0.037
	（4.838）	（2.598）	（0.679）
Stab	−0.028	0.039	0.064
	（−0.542）	（0.730）	（1.100）
Bureau	−0.242***	−0.062	−0.06
	（−4.858）	（−1.200）	（−1.064）
Democ	0.514***	0.293***	0.153**
	（9.779）	（5.279）	（2.541）
R^2	0.317	0.218	0.079
Adj−R^2	0.304	0.203	0.061
F	23.738***	14.254***	4.384***

注：*、**、*** 分别表示系数通过 10%、5%、1% 水平的显著性检验。

3. 稳健性检验

为将国家经济因素和制度因素等影响国家外债风险的因素剖分开来，验证语言两极化（语言分散化）对国家外债风险的影响，本章使用倾向得分匹配（PSM）方法进行稳健性检验。与前文相同，本部分分别确定一组控制组和一组处理组，通过倾向得分的方式找到在处理组与控制组中其他因素最相近的个体进行一一匹配，使得两组的差异就是研究变量产生的

“净效应”。通过这种方式，最大限度地排除掉其他响应因素的干扰。综上，本章根据一国语言两极化（语言分散化）程度的高低将“一带一路”沿线国家分为两组：高语言两极化（语言分散化）程度的处理组，低语言两极化（语言分散化）程度的控制组。通过采用国家经济因素和正式制度等多方面特征要素估计倾向得分，采用最近邻匹配方法一一匹配，选择与处理组中的倾向得分最接近的控制组样本作为匹配对象，通过倾向得分匹配方法，使得两组中的国家经济状况和政治制度等方面因素处于无差别的均衡状态。同时，本章采用 500 次 Bootstrap 模拟以克服小样本可能导致的偏误。

为检验语言两极化与国家外债风险之间的关系，本部分选择匹配容差是 0.05，共得到 178 对匹配的样本。首先，基于匹配后筛选出的样本进行独立样本检验，结果如表 4.33。由结果可知，变量 p 值均大于 0.1，可以认为匹配结果符合平衡性要求。进一步采用匹配后的样本进行回归检验，结果如表 4.34 所示。回归结果表明，语言两极化程度高的国家其债务风险高，回归结果支持研究假设 4–3a。

表 4.33 “一带一路”沿线国家语言两极化倾向得分匹配平衡性检验结果

Variables	Mean		Sig（2–tailed）
GDPp	control	5.076	0.704
	treated	5.027	
Growth	control	3.188	0.846
	treated	3.270	
Inf	control	4.467	0.720
	treated	4.771	
Unem	control	7.171	0.154
	treated	6.551	
Law	control	3.765	0.782
	treated	3.791	

续表

Variables	Mean		Sig（2-tailed）
Stab	control	7.439	0.540
	treated	7.524	
Bureau	control	2.230	0.269
	treated	2.148	
Democ	control	4.087	0.430
	treated	3.955	

表 4.34 “一带一路”沿线国家语言两极化倾向得分匹配回归结果

Variables	Fordebt	Debtserv	Intliq
Pol-dummy	0.029	0.103**	0.220***
	（0.671）	（2.160）	（4.404）
Control variables	included	included	included
No.	356	356	356
Adj-R^2	0.323	0.195	0.121
F	19.853***	10.579***	6.431***

注：（1）*、**、*** 分别表示系数通过 10%、5%、1% 水平的显著性检验；（2）实证回归采用 Bootstrap 模拟 500 次以克服小样本偏误。

为检验语言分散化与国家外债风险之间的关系，本部分选择匹配容差是 0.05，共得到 155 对匹配的样本。基于匹配后筛选出的样本进行独立样本检验，结果如表 4.35。由结果可知，变量 p 值均大于 0.1，匹配结果符合平衡性要求。进一步采用匹配后的样本进行回归检验，结果如表 4.36 所示。回归结果表明，语言分散化程度高的国家其债务风险高。综上所述，回归结果支持研究假设 4–3b。

表 4.35 “一带一路”沿线国家语言分散化倾向得分匹配平衡性检验结

variables	mean		sig（2-tailed）
GDPp	control	4.699	0.487
	treated	4.799	
Growth	control	3.248	0.834
	treated	3.474	
Inf	control	4.976	0.863
	treated	5.101	
Unem	control	8.033	0.575
	treated	6.963	
Law	control	3.773	0.287
	treated	3.903	
Stab	control	7.596	0.449
	treated	7.651	
Bureau	control	2.213	0.304
	treated	2.189	
Democ	control	3.776	0.500
	treated	3.960	

表 4.36 “一带一路”沿线国家语言分散化倾向得分匹配回归结果

	Fordebt	Debtserv	IntLiq
Frac–dummy	0.011*	0.176***	–0.012
	（1.707）	（3.428）	（–0.205）
Control variables	included	included	included
No.	310	310	310
Adj–R^2	0.304	0.242	0.064
F	15.251***	11.400***	3.216***

注：（1）*、**、*** 分别表示系数通过 10%、5%、1% 水平的显著性检验；（2）实证回归采用 Bootstrap 模拟 500 次以克服小样本偏误。

第五节 本章小结

“一带一路”倡议是中国经济外交的顶层设计，是推进人类命运共同体建设的重大实践，倡议以促进共同发展、实现共同繁荣的合作共赢为目标，为沿线国家提供了基础设施融资。然而，部分“一带一路”沿线国家的债务问题使倡议在国际社会受到了一些质疑，如果不厘清“一带一路”国际合作中沿线国家的债务问题，可能对中国重新构建与发展中国家的新型关系造成负面影响，因此，深入分析和探讨“一带一路”沿线国家外债风险的影响因素，对“一带一路”项目顺利进行和高质量的发展是至关重要的。现有针对国家外债风险的研究主要从法律、政治稳定性等正式制度方面研究，关于价值观、宗教和语言等非正式制度中的文化特征对国家外债风险的影响的研究较为少见，因此，本章节以“一带一路”沿线 65 个国家 2008 年到 2017 年数据为样本，研究文化特征对“一带一路”沿线国家外债风险的影响，主要得到的研究结论如下：

（1）本专著提出在“一带一路”沿线国家外债风险的评估中加入对社会价值观维度的关注，对现有研究从非正式制度角度提供了实证分析和补充，研究发现：个人主义和短期导向价值观强，国家外债风险越高；不确定性规避程度越高，国家外债风险越低。研究社会价值观对国家外债风险的影响，不是为寻求世界上最好的价值观或是对世界文化价值观排名，也不是倡导任何文化革命，而是为了更好地了解不同价值观，促进不同文化间的交流，有助于国家间资金融通更加顺畅。

（2）本专著借助宗教文化浓厚、派系信徒众多的“一带一路”沿线国家样本，具体从宗教多样性、宗教制衡度和宗教和谐度 3 个方面，探讨宗教文化特征对国家外债风险的影响，对现有文献进行了创新性细化和补充。研究结果表明：“一带一路”沿线国家的宗教多样性越高，国家外债风险越高；宗教制衡度越高，国家外债风险越高；宗教和谐度越高，国家外债风险越低。研究一方面扩充了现有非正式制度因素对债务风险影响的研究，另一方面丰富了在“一带一路”国际合作过程中的需要关注的宗教等非正式制度因素。

（3）本专著从语言两极化和语言分散化两个方面，依据语言谱系分类法，将一国的语言依据1语系—2语族—3语支—4亚语支—5语言—6方言共6级分层，从深层到浅层分别计算出6级语言两极化和语言分散化指标，进而探讨语言多样性对国家外债风险的影响，对现有文献进行了创新性细化和补充。研究结果表明，按语言谱系分类法1～6级计算出的国家的语言多样性水平有明显差异。语言多样性程度越高，国家外债风险越大，其内在原因是语言多样性降低了国家偿债能力和偿债意愿。进一步探究影响路径，本专著使用Bootstrap法进行中介效应检验，实证结果表明，内部冲突在语言两极化和国家外债风险之间起到了部分中介效应。这一结论符合社会类化理论，人们将母语作为自我类化的依据，进而产生了社会的分裂和冲突，一方面阻碍了国家经济发展、减少了财政收入，另外一方面冲突分裂增加了财政支出，因此，语言两极化降低国家偿债能力，增加了国家外债风险。与更强调冲突和分裂程度的两极化指标相比，只有深层的语言分散性对债务风险的消极影响显著。由于语言谱系是依据历史时间逐渐形成和演变的，是随着同种族的人群分离而逐渐形成语言的差异。彼此分离越早，分裂程度越深，文化差异越大，产生的冲突分裂、沟通障碍和低效更明显；而按更精细的层级划分，不同种类语言人群彼此分离的更晚，产生的分裂程度更浅，浅程度的分裂可以被团结和共情作用填补。

自“一带一路”倡议提出以来，中国为沿线国家提供了大量资金支持。对很多“一带一路”沿线国家而言，中国已成为除国际货币基金组织等多边债权方和以巴黎俱乐部为代表的双边债权方以外最主要的双边债权方。这些规模可观的资金支持为“一带一路”沿线国家提供了巨大的发展机遇，有助于沿线国家经济发展并降低债务风险，进而提高对沿线国家的投资收益。

第五章　国际合作度对文化特征与国家外债风险关系的调节作用研究

第一节　研究问题的提出

文化具有代代相传的相对稳定的特征，社会价值观、宗教文化特征和语言多样性使得不同群体在互动过程中表现出不理解、不赞同和不信任。Coleman（1997）提出的信任理论中，描述了社会互动是导致信任形成的重要作用机制，互动促进了信息交换与获得，增加了博弈与惩罚，最终引致信任的形成。在社会互动过程中的“频率”和“观念”都对信任的构建产生了显著影响，Macrae（2000）、Fukuyama（2001）关于“文化－信任”的相关论述也强调了这一点。国际合作促进跨文化交流，较高的国家合作度体现了一个国家更加包容、开放，交流合作意愿更高，对文化产生的作用起到了一定调节作用，缓解了文化特征对国家外债风险产生的影响。

本专著第二章从社会价值观、宗教文化特征和语言多样性 3 个方面构建了国家文化特征、国际合作度对国家外债风险的理论影响框架，并进行了理论分析和文献梳理，第三章和第四章分别讨论了“一带一路”国际合作、文化特征对沿线国家外债风险的影响，但并没有考虑到国际合作度对文化特征与国家外债风险关系的调节作用。国际合作属于一国的正式制度，而国家文化特征是非正式制度，正式制度和非正式制度之间的相互影响和共同作用值得深入分析并展开详细研究。“一带一路”国际合作以及“一带一路”沿线国家和地区具备的鲜明文化特征给本专著研究提供了良好的机会，因此，本章以 65 个“一带一路”国家 2008 年至 2017 年数据为样本，分别研究国际合作度对社会价值观、宗教文化和语言多样性 3 方面文化特征与国家外债风险关系的调节作用。本章的主要贡献在于：深入探究了国际合作度对文化特征与国家外债风险关系的调节作用，分析了正式制度和非正式制度之间的影响，拓宽了国家外债风险的研究广度。

第二节　理论分析和研究假设

不同价值观影响人们对未知风险的感知程度和容忍程度，例如，个人主义和集体主义价值观对国家外债风险的影响不同。其中，个人主义价值观更关注个人利益和个人成就，追求利益最大化同时其潜在风险更高；相反，集体主义价值观对个体自我实现的需求相对较弱，金融机构更加注重一致性和社会规则的遵循。此外，长期和短期导向价值观对国家外债影响不同。其中，短期导向价值观群体更多关注活在当下、享受眼前的生活，较少关注节俭和为未来做准备，认为未来的债务距离现在更遥远，对延迟其物质和社会需求的满足所能接受的程度较低；相反，在长期导向文化中，人们认为未来可能发生的不利信贷事件更迫在眉睫。再例如，不确定性规避程度也可能影响国家外债风险。高不确定性规避中，人们对风险带来的损失感知更强、容忍度更低，倾向于尽力控制不确定性，避免冒险行为；相反，低不确定性规避社会中，人们对风险带来的损失感知更弱，对债务风险的容忍度较高，生活在这种文化背景下的人们能够欣然接受社会带给他们的不确定性，坦然面对风险，享受自由生活。

“一带一路”国际合作可能在国家偿债能力和偿债意愿两方面影响其国家外债风险。从偿债能力角度分析，许多国家债务负担过重的重要原因之一是其产业结构不完善。通过增强“一带一路”国际合作，特别是互补性较强的国家间产业合作，有助于沿线国家的经济发展，进而缓解其国家外债风险。从偿债意愿角度分析，国家外债违约可能影响其国际贸易，影响国家未来在国际金融市场融资。国际合作度高的国家更注重维护自身的国际声誉，以避免其在国际贸易和融资中的损失。同时，参与国际合作表明国家有跨国交流合作、互利共赢的意愿，因此偿债意愿更强。从文化角度分析，国际合作促进跨文化交流，因此对不同社会价值观所产生的影响会起到调节作用，进而缓解价值观对国家外债风险产生的影响。基于以上分析，本章提出研究假设 5–1。

研究假设 5–1：国际合作度缓解了“一带一路”沿线国家价值观对其外债风险的影响。

国际合作度较高的国家，一方面通过提高与外界互动的频率，增进沟通和了解，提高信任度和包容度；另一方面，较高频率的对外政治、经济、文化互动可以对国内的分歧和冲突起到调和作用，促使国内不同宗教在行动和思想上求同存异，为谋求国家的发展参与到国际合作中。根据群际接触理论，群际接触改善群际关系的重要作用机制是依存关系的存在，当群体间拥有共同的目标、达成群际合作、有外界政府的支持等因素，群体间的冲突可以得到缓解。因此，“一带一路”国际合作可以缓解宗教文化特征产生的影响。基于以上分析，本章提出研究假设 5–2。

研究假设 5–2：国际合作度缓解了“一带一路”沿线国家宗教文化对其外债风险的影响。

国家债务与公司债务最主要的区别在于执法机制，公司债务受到国家法律强制管理，而国家债务具有“主权免疫”的特征，即使发生债务违约，也难以强制要求违约国履行债务契约。现有研究指出，债务违约可能导致国际贸易下降，债权人可能利用关税和非关税壁垒减少与债务违约者之间的贸易往来。此外，国家选择债务违约将会影响其未来进入国际金融市场进行融资，因此，国家按时偿付本息以维护声誉。第一，国家债务风险受到债务人维护自身国际声誉意愿的强弱影响，国际合作度高的国家更注重维护自身的国际声誉；第二，国际合作度越高，债务违约行为对其在国际金融市场的融资和国际贸易带来的损失更大，即债务违约的成本越高；第三，参与国际合作表明国家有跨国交流合作、互利共赢的意愿，因此更有偿还债务的意愿；第四，国际合作是国家开放度和包容度的体现，开放包容的环境可以缓解语言分裂产生的消极影响。基于以上分析，本章提出研究假设 5-3。

研究假设 5-3：国际合作度缓解了“一带一路”沿线国家语言多样性对其外债风险的影响。

本章研究国际合作度对文化特征与国家外债风险关系的调节作用逻辑框架图如图 5.1 所示。

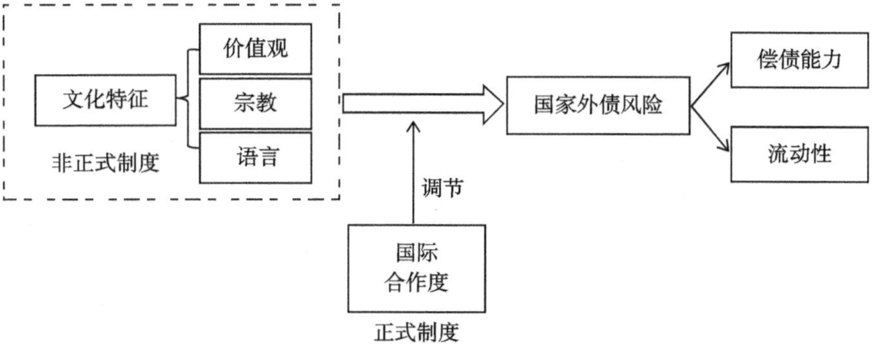

图 5.1　国际合作度对文化特征与国家外债风险关系的调节作用逻辑框架图

第三节　研究设计

一、变量定义与数据来源

1. 被解释变量

与前文一致，本章节从偿债能力和流动性两方面衡量国家外债风险，参考以往文献，具体从偿债能力和流动性角度选取外债占 GDP 的比例（Fordebt）、外债偿还额占出口比重（Debtserv）、政府所持有的国际储备资产与进口商品金额比值（Intliq）3 个指标数据衡量政府债务风险。为使

3个国家外债风险指标方向一致，使数据便于处理、比较和解释分析，数值参照ICRG的数据处理方法，将变量转化为得分，得分越高，国家外债风险越大；得分越低，国家外债风险越小；数值得分满分50分，最低分0分。

2. 解释变量

（1）文化特征

社会价值观：与前文一致，社会价值观变量选择Hofstede文化中与价值观相关的3个维度：个人主义（IDV）、短期导向（STO）和不确定性规避（UAI）的数据。数据取值在0～100之间，数字的绝对数值不具有实际意义，只是表示国家之间在某一维度上的排序关系。IDV取值越大，个人主义价值观越强烈；STO取值越大，短期导向越强；UAI取值越大，不确定性规避程度越高。

宗教多样性：与前文一致，本章选取宗教多样性指标是Taylor和Hudson（1972）构造的种族语言差异程度指标（ethnolinguistic fractionalization，ELF），Dow et al.（2016）在宗教多样性研究中使用此指标，其公式为：

$$\mathrm{Frac_i} = 1 - \sum_{i=1}^{N} \pi_i^{\,2}$$

π_i代表信奉i宗教信徒数量占该国总人口比例，此指标可被解释为测量在i国随机选取2个个体，两者同属一个宗教的概率。宗教种类越多，Frac取值越大。如Frac为0，说明所有国民信奉同一宗教；如果此指标为1，说明所有国民均信奉不同宗教。

宗教制衡度：与前文一致，宗教制衡度指一国主要教派信徒数量所占比例之间的接近程度。在主要宗派数量相等的情况下，各宗派信徒所占比例越接近，宗教制衡度越高。此指标侧重宗教文化特征的冲突程度。本章用Montalvo和Reynal-Querol（2005b）提出的两极化指标衡量，公式为：

$$\mathrm{Pol_i} = 1 - \left(\sum_{i=1}^{N} \frac{0.5 - \pi_i}{0.5} \right)^2 \pi_i$$

π_i代表信奉 i 宗教信徒数量占该国总人口比例。Pol 指数在 0～1 之间，当两种宗教各占比 50% 时，Pol 值最大，体现宗教制衡程度最高。

宗教和谐度：与前文一致，衡量宗教和谐度，本文选取 LLSV（1999）的做法，用信徒数量最多的宗教人口数占国家总人口的百分比衡量。一国占比最高的宗教信仰作为主流价值观念和决策依据，其余宗教信仰处于搭便车状态，这种思想统一的集中状态属于“宗教和谐”。第一大宗教占比越高，则宗教和谐程度越高，主流意识越明显，决策力度越强。

语言分散化：为研究一国语言分散性程度，本章使用 Taylor 和 Hudson（1972）构造的种族语言差异程度指标，Dow et al.（2016）在语言多样性研究中也使用此指标，其公式为：

$$\mathrm{Frac_i} = 1 - \sum_{i=1}^{N} \pi_i^2$$

其中 π_i 代表一国使用 i 语言的人口比例。本章节按语言谱系分类法将一国的语言按 1 语系—2 语族—3 语支—4 亚语支—5 语言—6 方言 6 级划分，计算出 6 个不同深度的语言分散程度指标 Frac（1）～ Frac（6），Frac（1）表示不同语族的分散，分裂程度最深；Frac（6）表示不同方言的分散，分裂程度最浅。在各层级上，语言分散化程度越高，Frac 数值越大。基于第四章的数据结果，本章使用影响国家外债风险指标最显著的 Frac（5）进行本章的研究。

语言两极化：语言两极化程度指一国主要语言使用的人口比例接近程度，此比例越接近，语言两极化程度越高，两极化指标可以更好地衡量语言多样性引发的冲突程度。本章使用 Montalvo 和 Reynal-Querol（2005a，2005b）提出的两极化指标衡量，公式为：

$$\mathrm{Pol_i} = 1 - \sum_{i=1}^{N} \left(\frac{0.5 - \pi_i}{0.5} \right)^2 \pi_i$$

π_i代表一国使用 i 语言的人口比例。与 Frac 相同，Pol 也按语言谱系分类法计算出6个不同深度的语言两极化程度指标Pol（1）~ Pol（6），Pol（1）表示语系层级的两极化程度，分裂程度最深；Pol（6）表示方言层级的两极化程度，分裂程度最浅。基于第四章的数据结果，本章使用影响国家外债风险指标最显著的Pol（2）进行本章的研究。

（2）国际合作度

双边协定可以促进“一带一路”沿线国家建立常态化的合作机制和协商机制，稳步有序、长效地将推进“一带一路”国际合作落到实处。因此，本章使用一国签署的双边投资协定（BIT）数量作为衡量国际合作度的指标。BIT是由两国政府签订的，旨在鼓励、促进和保护两国间投资的法律协定。BIT促进了签约国之间的双边投资，显著增加了发展中国家的外资流入，共建“一带一路”倡议这一指标从国家层面反映出开放和合作度水平。根据联合国贸易与发展委员会（UNCTAD）的BIT数据库统计，截至2019年，全球的BIT总数已达到2902个，其中“一带一路”国家的BIT数量约占总数的46%。此外，本章使用另外一个指标，即一国民众对“一带一路”国际合作的期待程度（Exp），这一指标从国民角度反映开放包容程度和合作度水平。对比两个指标，BIT侧重国家层面，Exp侧重民众层面。

3. 控制变量

与上文一致，为探究文化特征与国家外债风险的关系，并根据理论基础和数据的可得性，本章节基于现有研究分别控制国家经济因素进而制度因素作为控制变量，包括经济发展水平、经济增长率、通货膨胀率、失业率、法律与秩序、政府稳定性、官僚主义和民主责任。本章节使用变量详见表5.1。

表 5.1　变量定义

变量类型	变量名称		变量符号	具体定义
被解释变量	国家外债风险		Fordebt	国家某一年的外债总额除以国内生产总值的比值
			Debtserv	国家某一年的外债偿还额除以该年商品和服务出口总额的比值
			Intliq	国家某一年的官方储备总额除以平均进口商品金额和服务费用总额的比值
解释变量	价值观	个人主义	IDV	Hofstede 文化维度中个人主义文化维度，数据取值在 0 ~ 100 之间
		短期导向	STO	Hofstede 文化维度中短期导向文化维度，数据取值在 0 ~ 100 之间
		不确定性规避	UAI	Hofstede 文化维度中不确定性规避文化维度，数据取值在 0 ~ 100 之间
	宗教文化	宗教多样性	Frac	差异程度指标 $\text{Frac}_i = 1 - \sum_{i=1}^{N} \pi_i^2$
		宗教制衡度	Pol	两极化指标 $\text{Pol}_i = 1 - \sum_{i=1}^{N} \left(\frac{0.5 - \pi_i}{0.5}\right)^2 \pi_i$
		宗教和谐度	Per	信徒数量最多的宗教人口数占国家总人口的百分比
	语言多样性	语言分散化	Frac（5）	$\text{Frac}_i = 1 - \sum_{i=1}^{N} \pi_i^2$
		语言两极化	Pol（2）	$\text{Pol}_i = 1 - \sum_{i=1}^{N} \left(\frac{0.5 - \pi_i}{0.5}\right)^2 \pi_i$
	国际合作度	政府层面	BIT	“一带一路”国家签署的双边投资协定的总数
		民众层面	Exp	一国民众对“一带一路”国际合作的期待程度
控制变量	经济因素	经济发展水平	GDPp	人均 GDP 取自然对数
		经济增长率	Growth	GDP 年增长率
		通货膨胀率	Infl	GDP 平减指数
		失业率	Unem	长期失业率指标
	制度因素	法律与秩序	Law	ICRG 法律与秩序指数
		政府稳定性	Stab	ICRG 政府稳定性指数
		官僚主义	Bureau	ICRG 官僚主义指数
		民主责任	Democ	ICRG 民主责任指数

4. 数据来源

与前文一致，本章社会价值观数据来自2013年Hofstede文化价值调查（Value Survey Module，VSM）[①]，涵盖了全球112个国家6个文化维度的数据。与前文一致，本章使用其中与价值观相关的3个维度（个人主义、短期导向和不确定性规避）的数据，缺失值使用所有与该国接壤的国家该文化维度数据的平均值填补。宗教数据来源，主要选取BWD和WF的宗教数据，将宗教分为：基督教、伊斯兰教、佛教、印度教、犹太教、儒家、道教、万物有灵论宗教、大同教、调和宗教和其他宗教。国家语言多样性数据来源于Desmet et al.（2012）和国际语言中心（International Linguistics Center）提供的世界各国语言数据。BIT数据来源是联合国贸易与发展委员会（UNCTAD）的BIT数据库，选取BIT签订年份，认为BIT签订则能反映出一国的对外合作意愿。Exp数据来源国泰安数据库，是基于互联网大数据分析技术，考察某一国家媒体和民众对“一带一路”国际合作的关注度和正面评价所占比例，得分分值在0~4之间。国家外债风险指标数据和控制变量中反映国家经济因素指标数据均来源世界银行数据库和IMF数据库。控制变量中反映制度因素指标数据来自美国政治风险服务集团提供的ICRG数据，得分越高表示国家在该方面表现越好。

根据数据的充分性和可得性，本研究选取中国社会科学院发布的《“一带一路”沿线国家工业化发展报告》中包含的65个“一带一路”沿线国家，研究涵盖从2008年到2017年共计10年数据。国际合作度指标之一是衡量该国与中国的合作程度，因此本研究数据不包括中国。剔除数据缺失的国家年份后，共计490个观测值。

① 数据来源：https：//geerthofstede.com/research-and-vsm/vsm-2013/.

二、检验模型设计

为了检验本章的研究假设 5-1：国际合作度缓解了“一带一路”沿线国家价值观对其外债风险的影响，本章构建了如下模型：

$$Risk_{it} = \beta_0 + \beta_1 \mathrm{Value}_{it} + \beta_2 \mathrm{BIT}_{it} + \beta_3 \mathrm{Value}_{it} BIT_{it} + \beta_4 \mathrm{GDP}p_{it} + \beta_5 \mathrm{Growth}_{it} + \beta_6 \mathrm{Inf}_{it} + \beta_7 \mathrm{Unem}_{it} + \beta_8 \mathrm{Law}_{it} + \beta_9 \mathrm{Stab}_{it} + \beta_{10} \mathrm{Bureau}_{it} + \beta_{11} \mathrm{Democ}_{it} + \varepsilon_{it} \quad (5.1)$$

其中，交互项用以检验社会价值观与国际合作度的交互影响，检验：（1）国际合作度缓解了“一带一路”沿线国家个人主义价值观对其外债风险的影响；（2）国际合作度缓解了“一带一路”沿线国家短期导向价值观对其外债风险的影响；（3）国际合作度缓解了“一带一路”沿线国家不确定性规避价值观对其外债风险的影响。

为了检验本章的研究假设 5-2：国际合作度缓解了“一带一路”沿线国家宗教文化特征对其外债风险的影响，本章构建了如下模型：

$$Risk_{it} = \beta_0 + \beta_1 \mathrm{Religion}_{it} + \beta_2 \mathrm{BIT}_{it} + \beta_3 \mathrm{Value}_{it} \mathrm{BIT}_{it} + \beta_4 \mathrm{GDPp}_{it} + \beta_5 \mathrm{Growth}_{it} + \beta_6 \mathrm{Inf}_{it} + \beta_7 \mathrm{Unem}_{it} + \beta_8 \mathrm{Law}_{it} + \beta_9 \mathrm{Stab}_{it} + \beta_{10} \mathrm{Bureau}_{it} + \beta_{11} \mathrm{Democ}_{it} + \varepsilon_{it} \quad (5.2)$$

其中，交互项用以检验宗教文化特征与国际合作度的交互影响，检验：（1）国际合作度缓解了“一带一路”沿线国家宗教多样性对国家外债风险的影响；（2）国际合作度缓解了“一带一路”沿线国家宗教制衡度对国家外债风险的影响；（3）国际合作度缓解了“一带一路”沿线国家宗教和谐度对国家外债风险的影响。

为了检验本章的研究假设 5-3：国际合作度缓解了“一带一路”沿线国家语言多样性对其外债风险的影响，本章构建了如下模型：

$$\mathrm{Risk}_{it} = \beta_0 + \beta_1 \mathrm{Lang}_{it} + \beta_2 \mathrm{BIT}_{it} + \beta_3 \mathrm{Value}_{it} \mathrm{BIT}_{it} + \beta_4 \mathrm{GDPp}_{it} + \beta_5 \mathrm{Growth}_{it} + \beta_6 \mathrm{Inf}_{it} + \beta_7 \mathrm{Unem}_{it} + \beta_8 \mathrm{Law}_{it} + \beta_9 \mathrm{Stab}_{it} + \beta_{10} \mathrm{Bureau}_{it} + \beta_{11} \mathrm{Democ}_{it} + \varepsilon_{it} \quad (5.3)$$

其中，交互项用以检验语言多样性与国际合作度的交互影响，检验：（1）国际合作度缓解了“一带一路”沿线国家语言分散化对其外债风险的影响；（2）国际合作度缓解了“一带一路”沿线国家语言两极化对其外债风险的影响。

第四节　实证结果与分析

一、描述性统计分析

表 5.2 列示了变量的描述性统计结果，变量的均值与中位数临近，说明就基本特征而言，该样本趋于正态分布。从国家外债风险指标来看，Fordebt、Debtserv 和 Intliq 的均值分别是 26.269、43.416 和 27.279，标准差分别为 6.437、3.618 和 8.274，由此可以看出，“一带一路”沿线国家外债风险差异较为明显。BIT 最小值为 1，最大值为 119，均值为 52.456，标准差为 23.101，可以看出“一带一路”沿线国家签订的对外双边协定数量差异较大，国际合作度水平存在差异。表 5.3 Panel A、Panel B 和 Panel C 分别报告了模型 5.1、模型 5.2 和模型 5.3 回归模型的相关性分析结果，数据结果显示：Panel B 中，衡量宗教文化特征的 3 个变量相关程度较高，其中 Frac 和 Pol 相关系数为 0.683，Frac 和 Per 相关系数为 –0.718；Panel C 中，衡量语言多样性的两个变量相关程度较高，Frac（5）和 Pol（2）相关系数为 0.670。但由于相关性程度较高的上述变量为衡量同一文化特征的不同指标，不会同时出现在一个回归中，其余处于同一个回归中的自变量之间的相关系数均小于 0.6，因此本章的线性回归模型不存在多重共线性问题。

表 5.2 变量的描述性统计

	Min	Max	Mean	Median	Stdev
Fordebt	0.833	50.000	26.269	28.125	6.437
Debtserv	5.000	50.000	43.416	47.500	3.618
Intliq	0.833	50.000	27.279	30.000	8.274
IDV	14.000	80.000	39.673	38.000	15.309
STO	12.594	93.199	43.097	40.169	20.570
UAI	8.000	100.000	67.042	69.167	19.846
Score	1.000	4.000	2.354	2.000	0.559
Frac	0.003	0.953	0.308	0.288	0.127
Pol	0.008	0.999	0.507	0.534	0.138
Per	0.049	0.990	0.728	0.819	0.249
Frac（5）	0.025	0.887	0.367	0.352	0.236
Pol（2）	0.000	0.964	0.421	0.438	0.290
BIT	1.000	119.000	52.456	49.000	23.101
Exp	0.720	3.910	2.223	2.310	0.950
GDPp	-37.147	19.592	3.009	3.393	3.262
Growth	2.258	7.949	4.734	4.761	0.599
Infl	-26.866	75.201	5.420	3.539	5.577
Unem	0.136	24.000	6.996	4.949	3.274
Law	1.500	5.000	3.661	4.000	0.652
Stab	4.042	11.500	7.328	7.500	1.277
Bureau	0.167	6.000	3.629	4.000	0.915
Democ	1.000	4.000	2.026	2.000	0.475

表 5.3 相关系数矩阵

Panel A

	Fordebt	Debtserv	Intliq	IDV	UAI	LTO	BIT	Exp	GDPp	Growth	Infl	Unem	Law	Stab	Bureau	Democ
Fordebt	1.000															
Debtserv	0.551	1.000														
Intliq	0.404	0.320	1.000													
IDV	0.258	0.060	0.050	1.000												
UAI	0.412	0.265	0.032	0.230	1.000											
LTO	–0.241	–0.183	–0.180	–0.154	–0.084	1.000										
BIT	0.064	0.082	–0.024	0.111	0.079	–0.141	1.000									
Exp	–0.349	–0.293	–0.338	–0.271	–0.320	0.117	0.299	1.000								
GDPp	–0.079	–0.209	–0.218	–0.160	–0.168	–0.123	–0.139	0.264	1.000							
Growth	–0.102	–0.068	–0.069	–0.170	–0.124	–0.120	–0.049	0.259	0.175	1.000						
Infl	–0.063	–0.019	0.163	–0.062	0.000	0.047	0.049	0.105	–0.009	0.027	1.000					
Unem	0.274	0.298	0.038	0.171	0.372	–0.022	0.097	–0.464	–0.051	–0.301	–0.021	1.000				
Law	0.093	0.084	0.026	0.360	–0.074	0.166	0.183	–0.076	–0.169	–0.017	–0.124	–0.147	1.000			
Stab	–0.261	–0.116	–0.020	–0.042	–0.202	0.095	–0.197	0.054	–0.053	0.211	–0.052	–0.207	0.250	1.000		
Bureau	0.032	0.067	–0.051	0.127	–0.261	0.197	0.033	0.121	0.031	0.040	–0.268	–0.062	0.430	0.075	1.000	
Democ	0.489	0.327	0.056	0.212	0.310	–0.038	0.225	–0.128	0.031	–0.072	–0.146	0.348	–0.059	–0.491	0.310	1.000

续表

Panel B

	Fordebt	Debtserv	Intliq	Frac	Pol	Per	BIT	Exp	GDPp	Growth	Infl	Unem	Law	Stab	Bureau	Democ
Fordebt	1															
Debtserv	0.548	1														
Intliq	0.375	0.311	1													
Frac	0.243	0.122	0.076	1												
Pol	0.306	0.061	0.077	0.683	1											
Per	−0.303	−0.186	−0.145	−0.718	−0.655	1										
BIT	−0.106	−0.077	−0.024	0.175	0.135	−0.150	1									
Exp	−0.299	−0.284	−0.278	0.215	0.112	−0.045	0.237	1								
GDPp	−0.091	−0.214	−0.232	0.228	0.175	−0.116	−0.131	0.300	1							
Growth	−0.092	−0.069	−0.024	−0.042	0.015	0.068	−0.088	0.221	0.179	1						
Infl	−0.051	−0.014	0.157	0.039	−0.072	0.037	0.085	0.141	−0.005	0.059	1					
Unem	0.283	0.321	0.055	0.063	−0.057	−0.088	0.234	−0.359	−0.057	−0.193	−0.033	1				
Law	0.094	0.084	0.026	0.084	0.303	−0.292	0.190	−0.080	−0.174	−0.05	−0.131	−0.018	1			
Stab	−0.242	−0.106	0.012	0.086	0.122	−0.079	−0.231	0.004	−0.049	0.195	−0.067	−0.144	0.249	1		
Bureau	0.027	0.065	−0.059	0.168	0.405	−0.257	0.039	0.143	0.027	0.025	−0.281	0.046	0.43	0.08	1	
Democ	0.468	0.317	0.014	0.099	0.181	−0.128	0.273	−0.063	0.021	−0.061	−0.132	0.368	−0.061	−0.481	0.311	1

续表

Panel C															
	Fordebt	Debtserv	Intliq	Frac	Pol	BIT	Exp	GDPp	Growth	Infl	Unem	Law	Stab	Bureau	Democ
Fordebt	1														
Debtserv	0.548	1													
Intliq	0.375	0.311	1												
Frac	–0.106	–0.104	–0.001	1											
Pol	–0.096	–0.133	–0.131	0.670	1										
BIT	–0.064	–0.082	0.024	–0.170	–0.224	1									
Exp	0.299	0.284	0.278	–0.062	–0.017	0.244	1								
GDPp	0.091	0.214	0.232	0.047	0.035	–0.139	0.302	1							
Growth	0.092	0.069	0.024	0.081	0.101	–0.049	0.224	0.179	1						
Infl	0.051	0.014	–0.157	–0.097	0.067	0.049	0.126	–0.005	0.059	1					
Unem	–0.283	–0.321	–0.055	–0.123	–0.211	0.097	–0.468	–0.057	–0.193	–0.033	1				
Law	–0.094	–0.084	–0.026	0.266	0.109	0.183	–0.080	–0.174	–0.05	–0.131	–0.018	1			
Stab	0.242	0.106	–0.012	0.249	0.170	–0.197	0.004	–0.049	0.195	–0.067	–0.144	0.249	1		
Bureau	–0.027	–0.065	0.059	0.178	0.011	0.033	0.143	0.027	0.025	–0.281	0.046	0.43	0.08	1	
Democ	–0.468	–0.317	–0.014	–0.061	–0.082	0.225	–0.063	0.021	–0.061	–0.132	0.368	–0.061	–0.481	0.311	1

二、回归结果分析

表 5.4 报告了模型 5.1 的实证结果。当因变量为 Fordebt 时：IDV 的回归系数为 0.160，IDV 与 BIT 的交互项系数为 -0.005，在 10% 水平下显著；STO 回归系数为 0.202，STO 与 BIT 的交互项系数为 -0.020，在 10% 水平下显著；UAI 回归系数为 0.174，UAI 与 BIT 的交互项系数为 0.061，回归系数不显著。当因变量为 Debtserv 时：IDV 的回归系数为 0.075，IDV 与 BIT 的交互项系数为 -0.114，在 5% 水平下显著；STO 回归系数为 0.158，STO 与 BIT 的交互项系数为 -0.134，在 1% 水平下显著；UAI 回归系数为 -0.015，UAI 与 BIT 的交互项系数为 0.070，在 10% 水平下显著。当因变量为 Intliq 时：IDV 的回归系数为 0.015，IDV 与 BIT 的交互项系数为 0.130，回归系数不显著；STO 回归系数为 0.201，STO 与 BIT 的交互项系数为 -0.377，在 1% 水平下显著；UAI 回归系数为 -0.146，UAI 与 BIT 的交互项系数为 0.187，在 1% 水平下显著。实证结果说明，国际合作度高时，个人主义和短期导向对国家债务风险的负面影响被缓解，不确定性规避对国家债务风险的正面影响也被缓解。实证结果支持研究假设 5-1：国际合作度缓解了“一带一路”沿线国家价值观对其外债风险的影响。其可能原因是，国际合作促进了不同文化价值观之间的交流和合作，在此过程中对不同价值观的产生起到了一定的调节作用，缓解了各个文化维度对债务风险的影响。

表 5.4 “一带一路”沿线国家价值观、国际合作度与国家外债风险

变量	（1）Fordebt			（2）Debtserv			（3）Intliq		
IDV	0.160***			0.075*			0.015		
	（3.606）			（1.742）			（0.296）		
IDV*BIT	–0.005*			–0.114**			0.130		
	（–1.688）			（–2.299）			（1.443）		
STO		0.202***			0.158***			0.201***	
		（4.911）			（3.504）			（4.340）	
STO*BIT		–0.020*			–0.134***			–0.377***	
		（–0.444）			（–2.707）			（–7.390）	
UAI			0.174			–0.015*			–0.146***
			（1.532）			（–1.793）			（–2.764）
UAI*BIT			0.061			0.070*			0.187***
			（1.544）			（1.806）			（4.088）
BIT	–0.113**	–0.154***	–0.107***	–0.106**	–0.128**	–0.042	–0.025	–0.293***	–0.086*
	（–2.413）	（–3.349）	（–2.645）	（–2.063）	（–2.540）	（–0.950）	（–0.452）	（–5.682）	（–1.837）
GDPp	0.022	0.007	0.029	–0.085**	–0.086**	–0.088**	–0.167***	–0.151***	–0.165***
	（0.559）	（0.175）	（0.740）	（–1.972）	（–2.036）	（–2.017）	（–3.603）	（–3.467）	（–3.602）
Growth	0.009	0.026	0.003	0.063	0.086*	0.072	–0.039	–0.007	–0.013
	（0.222）	（0.622）	（0.064）	（1.391）	（1.916）	（1.569）	（–0.801）	（–0.155）	（–0.265）

续表

变量	（1）Fordebt			（2）Debtserv			（3）Intliq		
Infl	0.000	-0.006	0.006	0.069	0.053	0.064	0.202***	0.173***	0.189***
	（0.001）	（-0.164）	（0.158）	（1.594）	（1.243）	（1.461）	（4.342）	（3.921）	（4.126）
Unem	0.109**	0.147***	0.087*	0.275***	0.284***	0.301***	-0.017	-0.085*	0.010
	（2.486）	（3.384）	（1.958）	（5.760）	（5.989）	（6.162）	（-0.322）	（-1.745）	-0.201
Law	0.221***	0.238***	0.245***	0.147***	0.119**	0.153***	0.038	-0.004	0.059
	（4.495）	（5.094）	（5.220）	（2.739）	（2.329）	（2.963）	（0.657）	（-0.007）	（1.083）
Stab	-0.035	-0.072	-0.037	0.025	-0.003	0.026	0.046	-0.020	0.012
	（-0.721）	（-1.494）	（-0.763）	（0.477）	（-0.066）	（0.489）	（0.816）	（-0.373）	（0.216）
Bureau	-0.233***	-0.179***	-0.167***	-0.048	-0.030	-0.061	-0.067	-0.077	-0.125**
	（-4.905）	（-3.608）	（-3.250）	（-0.929）	（-0.548）	（-1.082）	（-1.197）	（-1.394）	（-2.100）
Democ	0.495***	0.498***	0.477***	0.272***	0.292***	0.298***	0.159***	0.218***	0.219***
	（9.394）	（9.473）	（8.887）	（4.724）	（5.083）	（5.043）	（2.567）	（3.700）	（3.520）
R^2	0.345	0.359	0.351	0.218	0.234	0.211	0.098	0.194	0.127
Adj-R^2	0.330	0.344	0.336	0.199	0.216	0.193	0.077	0.175	0.107
F	22.417	23.838	22.997	11.835	12.984	11.400	4.625	10.215	6.202

注：括号内为标准差；*、**、*** 分别表示在 10%、5%、1% 的水平下显著。

表 5.5 报告了模型 5.2 的回归结果。Panel A 报告了 BIT 作为宗教多样性和国家债务风险之间的调节变量的回归结果，数据显示 Frac 系数在 1% 水平下显著为正，Frac 与 BIT 交互项的系数在 1% 水平下显著为负。结果说明，BIT 在对宗教多样性与国家债务风险之间的关系起到了显著的调节作用。具体来说，国际合作度越高，宗教多样性对国家债务风险的负面影响被缓解。宗教制衡度的代理变量 Pol 与 BIT 的交互项系数也显著为负，说明国际合作度缓解了宗教制衡度对国家债务风险的负向影响。宗教和谐度的代理变量 Per 显著为负，Per 与 BIT 的交互项系数显著为正，说明国际合作缓解了宗教和谐度对国家外债风险的影响效应。Panel B 汇报了使用另一个国际合作度指标 Exp 的调节效应结果，两种国际合作度指标得出的数据结果基本一致，支持研究假设 5-2：国际合作度缓解了“一带一路”沿线国家宗教文化特征对其外债风险的影响。

表 5.6 报告了模型 5.3 的回归结果。当 Fordebt 为因变量时：Frac（5）的回归系数为 0.127，Frac（5）与 BIT 的交互项系数为 -0.184，在 10% 水平下显著为负；Pol（2）的系数为 0.121，Pol（2）与 BIT 的交互项系数为 -0.194，在 10% 水平下显著为负。回归结果说明，BIT 在语言多样化对国家外债风险的影响中起到一定的调节作用。结果支持研究假设 5-3：国际合作度缓解了“一带一路”沿线国家语言多样性对其外债风险的影响。

表 5.5 “一带一路”沿线国家宗教文化特征、国际合作度与国家外债风险

	Panel A								
		Fordebt		Debtserv			Intliq		
Frac	0.233***			0.151***			0.138***		
	（5.613）			（3.300）			（2.821）		
Frac*BIT	-0.036			-0.169***			-0.298***		
	（-0.791）			（-3.355）			（-5.542）		
Pol		0.275***			0.052			0.085	
		（6.423）			（1.084）			（1.622）	
Pol*BIT		-0.068			-0.150***			-0.185***	
		（-1.454）			（-2.866）			（-3.243）	
Per			-0.894**			-2.301***			-2.021***
			（-2.351）			（-5.602）			（-4.563）
Per*BIT			0.612*			2.124***			1.801***
			（1.667）			（5.258）			（4.133）
BIT	-0.177***	-0.121***	-0.188***	-0.153***	-0.159***	-0.247***	-0.153***	-0.150***	-0.188***
	（-3.964）	（-2.567）	（-3.794）	（-3.105）	（-2.989）	（-4.607）	（-2.900）	（-2.606）	（-3.248）
GDPp	-0.011	-0.034	-0.037	-0.082*	-0.055	-0.071	-0.093*	-0.097*	-0.174***
	（-0.257）	（-0.820）	（-0.910）	（-1.783）	（-1.174）	（-1.597）	（-1.873）	（-1.906）	（-3.651）
Growth	0.011	-0.002	0.014	0.033	0.015	0.041	0.032	0.014	0.036

续表

	(0.268)	(−0.057)	(0.357)	(0.734)	(0.344)	(0.941)	(0.678)	(0.292)	(0.782)
Infl	−0.050	−0.042	−0.012	0.038	0.040	0.049	0.143***	0.143***	0.172***
	(−1.267)	(−1.059)	(−0.292)	(0.873)	(0.909)	(1.149)	(3.047)	(2.978)	(3.699)
Unem	0.133***	0.184***	0.112***	0.252***	0.267***	0.234***	−0.019	0.019	−0.017
	(3.113)	(4.350)	(2.651)	(5.336)	(5.607)	(5.121)	(−0.368)	(0.370)	(−0.336)
Law	0.275***	0.224***	0.203***	0.131**	0.138***	0.098*	0.037	0.047	−0.009
	(5.916)	(4.818)	(4.311)	(2.555)	(2.618)	(1.933)	(0.668)	(0.819)	(−0.158)
Stab	−0.030	−0.025	−0.069	−0.016	−0.002	−0.016	0.048	0.053	0.003
	(−0.614)	(−0.509)	(−1.433)	(−0.299)	(−0.038)	(−0.305)	(0.819)	(0.888)	(0.054)
Bureau	−0.297***	−0.297***	−0.310***	−0.143***	−0.124**	−0.185***	−0.156***	−0.112*	−0.144**
	(−5.988)	(−6.052)	(−6.242)	(−2.602)	(−2.247)	(−3.445)	(−2.654)	(−1.859)	(−2.478)
Democ	0.531***	0.463***	0.496***	0.299***	0.306***	0.299***	0.199***	0.172***	0.092
	(9.955)	(8.578)	(9.560)	(5.086)	(5.025)	(5.340)	(3.155)	(2.597)	(1.531)
R^2	0.366	0.383	0.367	0.229	0.213	0.261	0.116	0.075	0.140
Adj-R^2	0.351	0.368	0.351	0.210	0.194	0.243	0.094	0.052	0.119
F	23.484***	25.227***	24.037	12.076***	11.009***	14.650***	5.311***	3.283***	6.753***

续表

Panel B									
		Fordebt			Debtserv			IntLiq	
Frac	0.289***			0.165***			0.203***		
	(6.873)			(3.487)			(4.142)		
Frac*Exp	−0.131*			−0.165***			−0.252***		
	(−1.775)			(−3.343)			(−4.934)		
Pol		0.318***			0.035			0.064	
		(7.234)			(0.717)			(1.275)	
Pol*Exp		0.073			−0.081*			−0.126**	
		(0.871)			(−1.719)			(−2.559)	
Per			−0.270			−0.161***			−0.226***
			(−6.654)			(−3.604)			(−4.980)
Per*Exp			0.017			0.195***			0.272***
			(0.388)			(4.141)			(5.672)
Exp	−0.136*	−0.241***	−0.185	−0.047	−0.062	−0.021	−0.275***	−0.309***	−0.220***
	(−1.849)	(−2.781)	(−4.181)	(−0.908)	(−1.237)	(−0.440)	(−5.177)	(−5.910)	(−4.442)
GDPp	0.039	0.010**	0.004	−0.074	−0.043	−0.062	−0.057	−0.023	−0.101**
	(0.954)	(0.250)	(0.090)	(−1.595)	(−0.881)	(−1.365)	(−1.195)	(−0.457)	(−2.176)
Growth	0.045	0.039	0.025	0.021	0.018	0.018	0.038	0.040	0.677
	(1.127)	(0.987)	(0.635)	(0.468)	(0.395)	(0.418)	(0.825)	(0.845)	(0.677)

续表

Infl	–0.042	–0.041	0.004	0.038	0.038	0.058	0.175***	0.173***	0.213***
	（–1.072）	（–1.073）	（0.107）	（0.866）	（0.852）	（1.317）	（3.844）	（3.678）	（4.776）
Unem	0.042	0.114***	0.037	0.229***	0.235***	0.252***	–0.102**	–0.099*	–0.071
	（0.966）	（2.663）	（0.857）	（4.675）	（4.600）	（5.228）	（–2.016）	（–1.864）	（–1.441）
Law	0.234***	0.177***	0.145	0.127**	0.095*	0.080	0.036	–0.019	–0.039
	（5.249）	（3.994）	（3.176）	（2.514）	（1.831）	（1.594）	（0.701）	（–0.344）	（–0.758）
Stab	–0.073	–0.089*	–0.053	0.007	0.021	0.035	0.044	0.054	0.031
	（–1.521）	（–1.889）	（–1.119）	（0.121）	（0.377）	（0.678）	（0.777）	（0.947）	（0.581）
Bureau	–0.262***	–0.295***	–0.224	–0.101*	–0.072	–0.109**	–0.040	0.001	–0.050
	（–5.375）	（–6.021）	（–4.619）	（–1.836）	（–1.286）	（–2.034）	（–0.698）	（0.014）	（–0.916）
Democ	0.448***	0.423***	0.440	0.204***	0.263***	0.189***	0.043	0.120*	–0.046
	（8.808）	（8.315）	（8.409）	（3.516）	（4.386）	（3.279）	（0.720）	（1.922）	（–0.784）
R^2	0.411	0.424	0.372	0.225	0.200	0.240	0.172	0.129	0.213
Adj–R^2	0.396	0.41	0.357	0.206	0.181	0.221	0.152	0.107	0.194
F	27.751***	29.298***	24.624	11.797***	10.171***	13.084***	8.449***	6.006***	11.257***

注：*、**、*** 分别表示系数通过 10%、5%、1% 水平的显著性检验。

表 5.6 "一带一路"沿线国家语言多样性、国际合作与国家外债风险

变量	Fordebt		Debtserv		Intliq	
Frac（5）	0.127***		0.104**		-0.004	
	(2.912)		(2.204)		(-0.075)	
Frac（5）*BIT	-0.184*		-0.114		-0.094	
	(-1.793)		(-1.025)		(-0.781)	
Pol（2）		0.121***		0.125***		0.017
		(2.793)		(2.671)		(0.339)
Pol（2）*BIT		-0.194*		-0.143		-0.125
		(-1.814)		(-1.241)		(-0.999)
BIT	0.071	0.086	0.076	0.114	-0.010	0.024
	(0.663)	(0.767)	(0.655)	(0.945)	(-0.079)	(0.185)
GDPp	-0.000	-0.001	-0.089**	-0.092**	-0.156***	-0.157***
	(-0.004)	(-0.034)	(-2.039)	(-2.115)	(-3.314)	(-3.338)
Growth	-0.007	-0.008	0.057	0.055	-0.043	-0.044
	(-0.161)	(-0.196)	(1.259)	(1.216)	(-0.881)	(-0.892)
Inf	0.008	0.008	0.074*	0.075*	0.207***	0.208***
	(0.194)	(0.191)	(1.694)	(1.715)	(4.394)	(4.412)
Unem	0.133***	0.128***	0.307***	0.303***	0.005	0.006
	(3.065)	(2.950)	(6.570)	(6.508)	(0.103)	(0.116)
Law	0.247***	0.245***	0.132**	0.121**	0.062	0.056
	(5.064)	(4.983)	(2.503)	(2.284)	(1.086)	(0.979)
Stab	-0.042	-0.038	0.037	0.038	0.053	0.050
	(-0.841)	(-0.756)	(0.686)	(0.706)	(0.907)	(0.870)
Bureau	-0.239***	-0.229***	-0.058	-0.047	-0.065	-0.063
	(-4.897)	(-4.687)	(-1.106)	(-0.887)	(-1.136)	(-1.099)
Democ	0.525***	0.521***	0.299***	0.292***	0.172***	0.170***
	(10.063)	(9.955)	(5.299)	(5.187)	(2.817)	(2.777)
R^2	0.331	0.330	0.221	0.225	0.088	0.089
Adj-R^2	0.315	0.314	0.202	0.206	0.067	0.067
F	20.611***	20.541***	11.797***	12.071***	4.041***	4.070***

注：*、**、*** 分别表示系数通过 10%、5%、1% 水平的显著性检验。

第五节　本章小结

国际合作属于一国的正式制度，而社会文化特征是非正式制度，正式制度和非正式制度之间的相互影响和共同作用是本章深入分析并展开详细研究的重点，同时，“一带一路”国际合作以及“一带一路”沿线国家和地区具备的鲜明文化特征给本章研究提供了良好的机会，因此，本章以65个“一带一路”国家2008年至2017年数据为样本，研究国际合作度对“一带一路”沿线国家文化特征与国家外债风险关系的调节作用。

本章实证研究的结果发现，由于国际合作促进了“一带一路”沿线国家之间的跨文化交流，因此对不同文化特征产生的影响起到了缓解作用。具体而言，国际合作度缓解了价值观对国家外债风险的影响：其中，国际合作度高时，个人主义和短期导向价值观对国家外债风险的负面影响均有所缓解；同时，不确定性规避对国家外债风险的正向影响也被缓解，即国际合作在促进不同价值观沟通交流的同时，缓解了各个价值观维度对债务风险的影响。此外，研究发现，国际合作度高时，宗教多样性对国家债务风险的负面影响也被缓解，同时，宗教和谐度对国家外债风险的积极影响也被缓解。最后，研究发现，国际合作度高时，语言多样化对国家外债风险的不利影响也得到了一定程度的缓解。

参与国际合作表明国家有跨国交流合作、互利共赢的意愿，是国家开放度和包容度的体现，开放包容的环境可以缓解文化特征对国家外债风险的影响。本章的研究为当今受到国际普遍关注的国家外债风险问题提供了一定的实证证据，从制度角度分析了正式制度和非正式制度对国家外债风险的交互影响，并且将非正式制度中文化特征进行细化和分析，引导和鼓励各国在国际合作和控制国家外债风险的过程中，将国家的文化特征考虑在内。

第六章　研究结论与展望

第一节　研究结论

随着“一带一路”倡议的不断推进和发展，“一带一路”国际合作取得了举世瞩目的丰硕成果，与此同时，国际上一些机构和智库却提出了“债务陷阱论”，歪曲“一带一路”国际合作的建设成果。当下，国家外债风险成为“一带一路”国际合作过程中需要分析和关注的重点问题，受到世界各界的广泛关注。本专著基于“一带一路”国际合作的视角，考虑“一带一路”沿线国家显著的价值观差异、浓厚的宗教文化、丰富的语言多样性，运用理论分析与实证研究相结合的方法，从文化特征这一非正式制度视角深入探讨“一带一路”沿线国家外债风险问题，本专著的主要研究结论有以下 3 点：

（1）针对当下“一带一路”倡议中政策界与学术界关心的国家外债问题，基于区域经济一体化理论和资源配置理论，以驳斥“债务陷阱论”为切入点，从国际视角进行了理论分析和实证研究。研究首先应用双重差分模型（DID），发现“一带一路”倡议提出的时点前后，相对于非“一带一路”国家，响应“一带一路”倡议缓解了国家外债风险。进一步研究发现，响应“一带一路”倡议的国家参与“一带一路”国际合作度越高，国家外债风险越低，即“一带一路”国际合作度有助于降低沿线国家的债务风险。深入分析发现，其潜在影响路径是“一带一路”倡议通过促进沿线国家经济发展进而降低其外债风险。基于区域经济一体化理论和资源配置理论，通过在区域或国家之间建立投资贸易政策，共同打造区域性经济联合体，促进从要素自由流动到市场深度融合，建立从双边金融机构合作到公共融资平台，国家间资金融通作为一种资源配置的手段，可以实现资源在更大范围内的整合与配置，促进区域和国家的经济增长。“一带一路”

国际合作通过促进沿线国家经济发展，一方面可以增加其财政盈余，进而缓解债务依赖度，降低债务需求，另一方面，“一带一路”项目大多投资于基础设施建设，减少沿线国家在基础设施建设上的投入，减轻了国家债务负担。同时，研究发现，国家金融发展影响国家外债风险，金融发展水平越高，国际合作度对国家外债风险的防范作用越强；国家金融结构影响国家外债风险，市场主导型金融结构加强了国际合作度对国家外债风险的防范作用。因此，本专著通过分析国家外债风险，为鼓励沿线国家积极加入“一带一路”国际合作提供一定经验证据，同时倡导沿线国家关注金融发展，优化金融结构，防范国家外债风险。

（2）“一带一路”沿线国家文化特征影响国家外债风险。第一，文化的精髓是价值观，是判断是非对错的根据，是社会中通用做法和规范的基础。本专著从不同文化背景下社会差异角度考虑文化特征对风险感知和风险偏好的影响，发现社会价值观维度中，个人主义、短期导向、不确定性规避 3 种价值观特征影响国家外债风险。其中，个人主义文化特征更强调个人利益最大化，较少考虑他人和社会整体利益，在个人主义文化特征导向的国家中，金融机构为满足客户和股东高收益和利润最大化的需求而增加潜在风险，金融机构等微观层面的债务风险会向宏观层面扩散，当其流动性不足而陷入债务困境时，政府不得不进行干预，扩大支出，以主权信用弥补市场信用，用国家财政为金融机构和企业的微观违约风险担保，结果是金融机构和企业债务风险得到缓解，但是政府财政赤字上升，国家债务负担加重，国家外债风险增加。在短期导向文化特征占主导的国家中，人们倾向于需求被即刻满足，较少关注节俭和为未来做准备，认为未来的债务距离现在更遥远，因此贷款行为更多而储蓄行为较少。政府愿意更多的举债，以提供其在任期间的资金流入。短期导向文化特征强的国家外债风险更大。不确定性规避文化特征强，风险感知越高，风险容忍度低，国家外债风险越低。

第二，在“一带一路”沿线国家中，宗教不仅是信仰问题，更是国家政治经济和社会文化的核心。不同宗教的价值观念、伦理规范、思想信念和风俗习惯存在差异，当国家内部多种宗教共存时，一方面，不同宗教的文化、风险偏好存在显著差异，会导致沟通不顺畅，信息不对称程度高，交易成本高；另一方面，不同宗教的信仰和价值观不同，容易引发分歧和争端的产生，这种分歧不仅会导致经济决策失误，更有甚者，会引发暴力突出和内战，而这些最终会引发深层次的经济问题，导致国家外债风险升高。本专著通过文献梳理和实证分析，基于寻租理论和社会冲突理论，发现国家内部较高的宗教多样性和宗教制衡度会导致宗教之间的资源争夺和利益冲突更显著，导致国家外债风险更高；而国家内部宗教和谐度较高，说明国家内部存在主流价值观念和主要决策团体，政治和社会稳定性高，国家外债风险较低。因此，在“一带一路”国际合作过程中，要关注国家宗教文化特征及其对经济社会发展带来的影响。

第三，“一带一路”沿线国家语言种类丰富、语言状况复杂。语言不仅是沟通工具，更是文化的载体。作为沟通工具，不同语言带来的沟通障碍增加了交易成本，因此国家增加财政支出以降低国内语言沟通障碍。沟通障碍虽然可以通过翻译或者第二语言的习得部分消除，但是，母语承载文化差异仍然会影响人们的经济行为和决策。本专著通过文献梳理与理论分析，发现语言多样性会降低国家的偿债能力和偿债意愿。研究从语言两极化和分散化两个角度衡量语言多样性，通过实证研究发现语言多样性程度越高，国家外债风险越大，其中内部冲突起到了部分中介作用。研究提出了在对“一带一路”沿线国家外债风险的评估中关注语言多样性的建议，同时对现有针对国家外债风险的研究从非正式制度中的文化角度提供了实证分析和补充。

（3）由于国际合作既促进了国家之间的跨文化交流，也是国家包容和开放的体现，因此，国际合作度缓解了不同文化特征对国家外债风险的影响。具体而言，国际合作度缓解了价值观对国家外债风险的影响：其中，国际合作度高时，个人主义和短期导向价值观对国家外债风险的负面影响均有所缓解；同时，不确定性规避对国家外债风险的正向影响也被缓解，即国际合作在促进不同价值观沟通交流的同时，缓解了各个价值观维度对债务风险的影响。此外，研究发现，国际合作度高时，宗教多样性对国家债务风险的负面影响也被缓解，同时，宗教和谐度对国家外债风险的积极影响也被缓解。最后，研究发现，国际合作度高时，语言多样化对国家外债风险的不利影响也得到了一定程度的缓解。

第二节　主要创新点

本文基于国际合作的视角，研究了文化特征对国家外债风险的影响，具体从社会价值观、宗教文化特征和语言多样性 3 方面深入分析，并探讨其影响国家外债风险的内在机理与作用路径。本书主要的创新点包括以下 3 个方面：

（1）本专著基于区域经济一体化理论和资源配置理论，构建双重差分模型（DID）研究“一带一路”国际合作对沿线国家外债风险的影响效果。

研究表明，“一带一路”国际合作缓解了沿线国家外债风险，批驳了“债务陷阱论”，为“一带一路”的正面作用提供了有力证据。在此基础上，本专著深入研究沿线国家参与“一带一路”国际合作对其国家外债风险的影响，并分析其可能的作用机制，讨论了国家金融发展水平和金融结构对国际合作度与国家外债风险之间关系的调节作用，较为全面系统地分析了“一带一路”国际合作对沿线国家外债风险的影响，弥补现有研究的不足，丰富了“一带一路”国家外债风险的研究文献，为后续的研究提供经验。

（2）本专著基于社会冲突理论和寻租理论，构建了文化特征影响“一带一路”沿线国家外债风险的最小二乘法（OLS）模型。该模型将国家文化特征描述为国家的独特价值观、宗教特征和语言特征，并实证检验了国家的独特价值观、宗教特征、语言特征对“一带一路”沿线国家债务风险的影响。

在此基础上，为将国家经济状况和政治制度等影响国家外债风险的主要因素剖分开来，验证不同文化特征对国家外债风险的影响，本专著构建倾向得分匹配（PSM）模型，通过采用国家经济因素和政治制度等多方面特征要素估计倾向得分，并使用最近邻匹配方法一一匹配，使得两组的差异就是研究变量产生的“净效应”。通过这种方式，最大限度地排除掉其他影响因素的干扰，以研究文化特征对国家外债风险的影响，为国际债务投资中的风险识别和评估提供实证证据，并从非正式制度中文化角度对现有“一带一路”国家外债风险的研究进行了补充。

（3）本专著构建了国际合作度对文化特征与国家外债风险关系的调节作用模型。该模型分别检验了国际合作度对价值观、宗教特征和语言特征3方面文化特征与国家外债风险关系的调节作用。

研究表明，国际合作促进了“一带一路”沿线国家之间的跨文化交流，缓解了价值观、宗教特征和语言特征3方面文化特征对国家外债风险的影响。本专著关注的国际合作属于一国的正式制度，而国家文化特征是非正式制度，通过分析国际合作度对国家文化特征与其外债风险关系的调节作用，研究了国家正式制度和非正式制度对“一带一路”沿线国家外债风险的交互影响，拓宽了制度研究和国家外债风险研究的深度和广度。

第三节　研究展望

本专著从社会价值观、宗教文化特征、语言多样性3方面研究了文化特征对国家外债风险的影响，并深入分析其影响国家外债风险的内在机理与作用路径，研究具有一定的理论价值和现实意义。但是由于笔者的时间和能力有限，文中仍有较多不足之处有待进一步研究。经过分析整理发现，未来研究可以围绕如下几个方面展开：

（1）关于国家文化特征的衡量，现有研究除了使用语言、宗教等群体特征作为文化的代理变量，还有基于世界价值观调查（World Value Survey，WVS）等跨国文化数据进行研究。此类跨国文化数据是通过广泛的问卷、采访、调查形式进行跨国调研，提炼出可以精准描绘价值观的词语来衡量文化特征。然而，在进行跨国的问卷调查时存在一个问题，即同一个问题在不同国家区域的文化背景下的意义可能不同，会导致某些调查的问题不能达成调查目的。例如，在衡量文化维度中最普遍用到的一个词语——“信任”，在英文文献中通常用“你是否认为大多数人是可信任的”这样的问题来测量信任，但在中国和其他亚洲社会，人总是被自然地区分为亲友和陌生人，人们对亲友信任程度高而对陌生人信任程度低，对于“大多数人”的信任可能是一个不具有太大意义的问题。因此，如何选取能精准描述文化特征的词语，在对文化特征的研究中有着较强的现实意义。

（2）考虑其他制度因素之间存在的交互效应对国家外债风险的影响。在国家外债风险的研究中，正式制度和非正式制度均对国家外债风险产生影响。因此，在未来研究中，我们应该深入挖掘其他众多的制度因素之间存在的内在关系和替代互补效应，以完善对国家外债风险的研究。同时，尝试寻找在正式制度不完善的“一带一路”沿线的发展中国家中，非正式制度能否对正式制度发挥替代作用。

（3）本专著衡量国家外债风险未使用穆迪、惠誉和标准普尔三大评级机构相关数据。现有关于三大评级机构评级不客观的做法已经受到世界各界的广泛关注和质疑。三大机构在信用评级中采取双重标准，对欧美发达国家主权信用评级时乐观而宽容，对发展中国家的主权信用评级有意悲观和严苛，这样的双重标准体现出三大信用机构公平性和客观性的缺失。此外，从信用评级付费的模式来看，三大信用评级机构是盈利性机构，也存在着道德风险。因此，建立一个超主权的、不代表任何国家利益的、非盈利性世界信用评级机构，能尊重债务与债权双方利益，不利用信用评级损害其他国家经济利益，并建立和制定一套科学、客观、统一的信用评级标准，公正地为国际投资者服务，具有一定现实意义。

参考文献

[1] 周伟，陈昭，吴先明. 中国在“一带一路”OFDI的国家风险研究：基于39个沿线东道国的量化评价［J］. 世界经济研究，2017（8）:15-25.

[2] 刘尚希，石英华，武靖州. 制度主义公共债务管理模式的失灵——基于公共风险视角的反思［J］. 管理世界，2017（1）:5-16.

[3] North D C. Institutions, Institutional Change and Economic Performance: Institutions［M］. Cambridge: Cambridge University Press, 1990:142-144.

[4] Helmke G, Levitsky S. Informal Institutions and Comparative Politics: A Research Agenda［J］. Perspectives on Politics, 2005, 2（04）:725-740.

[5] Williamson C R. Informal institutions rule: institutional arrangements and economic performance［J］. Public Choice, 2009, 139（3-4）:371-387.

[6] Licht A, Goldschmidt C, Schwartz S H. Culture, Law, and Corporate Governance［J］. International Review of Law and Economics, 2005, 25（2）:229-255.

[7] Hofstede G, Bond M. The Confucius Connection: From Cultural Roots to Economic Growth［J］. Organizational Dynamics, 1988, 16（4）:4-21.

[8] Alesina A, LaFerrara E. Ethnic Diversity and Economic Performance［J］. Journal of Economic Literature, 2005, 43: 762 - 800.

[9] Habyarimana J, Macartan H, Posner D N, et al. Diversity and the Dilemmas of Collective Action［M］. New York: Russell Sage Foundation, 2009.

[10] Safran W. Introduction: The Political Aspects of Language［M］. Language, Ethnic Identity, and the State, 2005, New York:Routledge.

[11] Arellano C. Default Risk and Income Fluctuations in Emerging Economies［J］. American Economic Review, 2008, 98:690-712.

[12] Eaton J, Gersovitz M. Debt with potential repudiation: Theoretical and empirical analysis［J］. Review of Economic Studies, 1981, 48:289-309.

[13] Wright M L J. The Theory of Sovereign Debt and Default［M］. In Encyclopedia of Financial Globalization. ed. Gerard Caprio. 2012.

[14] Draksaite A. Assessment of the Sustainability of Government Debt in a Stochastic Economy

[J] , Intellectual Economics.2011, 5:401–415.

[15] PricewaterhouseCoopers. Reward: A new paradigm? [C/OL]. 2008, http://www.pwc.com/gx/en/banking–capital–markets/pdf/Reward.pdf.

[16] Chambers J, Daria A. “2002 Defaults and Rating Transition Data Update for Rated Sovereigns,” in Ratings Performance 2002 [R]. New York Standard & Poor’ s: 2003:75–86. https://www4.stat.ncsu.edu/ ~ bloomfld/RatingsPerformance.pdf.

[17] Moody’ s Investors Service. Announcement: Debt Relief Often Greater on Official–Sector Bilateral Loans than Private Sector Debt [C/OL].2018, Available at http://www.moodys.com/research/Moodys–Debt–relief–often–greater–on–official–sectorbilateral–loans—PR_381681.

[18] IMF, Assessing Sustainability [R]. IMF Staff Paper, No.02/28/2002.

[19] Kraay, A. When Is External Debt Sustainable? [J]. World Bank Economic Review,2006,20 (3) : 341–365.

[20] 马宇，王群利. 人口老龄化对政府债务风险影响的实证研究——基于 20 个发达国家动态面板数据的分析 [J]. 国际金融研究，2015 (5) : 48–57.

[21] Kroeber A L, Kluckhohn, C. Culture: A Critical Review of Concepts and Definitions [J]. American Journal of Sociology, 1952, 47 (1) (1–2) :35–39.

[22] Kroeber A L, Parsons T . The concepts of culture and of social system[J]. Mid–American review of sociology, 1958, 23 (5).

[23] Hofstede G. Culture’ s Consequences: International Differences in Work Related Values [M]. Beverly Hills, CA:Sage Publications. 1980.

[24] Guiso L, Sapienza P, Zingales L. Does Culture Affect Economic Outcomes? [J]. The Journal of Economic Perspectives, 2006, 20 (2) :23–48.

[25] Geertz C. The Interpretation of Culture [J]. Journal for the Scientific Study of Religion, 1973, 13 (2) :1389–94.

[26] Pejovich, S vetozar. The effects of the interaction of formal and informal institutions on social stability and economic development [J]. Journal of Markets and Morality, 1999, 2 (2) : 164–81.

[27] Ostrom E , Calvert R , Eggertsson T . Governing the Commons: The Evolution of Institutions for Collective Action [J]. American Political Science Review, 1993, 86 (1) :279–249.

[28] Pretty J , Ward H . Social Capital and the Environment [J]. World Development, 2001, 29 (2) : 209–227.

[29] 陆铭，李爽. 社会资本、非正式制度与经济发展 [J]. 管理世界，2008 (09) :167–171.

[30] Tabellini G . Culture and Institutions: Economic Development in the Regions of Europe[J]. Journal of the European Economic Association, 2010, 8 (4) :677–716.

[31] Williamson C R. Securing Private Property: Formal versus Informal Institutions [J]. Journal of Law and Economics, 2011, 54 (3) :537–572.

[32] Williamson R , Stulz, Ren é M. Culture, Openness, and Finance [J]. Journal of Financial Economics, 2003, 70 (3) : 313–349.

[33] Desmet K , Ortuño–Ort í n, Ignacio, Wacziarg R . The political economy of linguistic cleavages [J]. Journal of Development Economics, 2012, 97.

[34] Nettle D. Linguistic Fragmentation and the Wealth of Nations: The Fishman–pool Hypothesis Reexamined [J]. Economic Development and Cultural Change, 2000, 48 (2) :335–348.

[35] Nettle D, Grace J B, Choisy M, et al. Cultural Diversity, Economic Development and Societal Instability [J/OL]. PLOS ONE, 2007, 2 (9) : e929. doi:10.1371/journal.pone.0000929.

[36] Reinhart C M, Rogoff K S. This Time Is Different: A Panoramic View of Eight Centuries of Financial Crises [J] , NBER Working Paper, 2008, No. 13882.

[37] Reinhart C M, Rogoff K S. This Time Is Different: Eight Centuries of Financial Folly [M]. Princeton University Press, 2009.

[38] Reinhart C M, Rogoff K S. From Financial Crash to Debt Crisis [J] , American Economic Review, 2011, 101 (5) :1676–1706.

[39] 白钦先，谭庆华. 论金融功能演进与金融发展 [J]. 金融研究 ,2006 (7) :41–52.

[40] Manasse P, Roubini N. Rules of thumb for sovereign debt crises [J]. Journal of International Economics, 2009, 78 (2) :192–205.

[41] Catao L A V, Milesi–Ferretti G M. External liabilities and crises [J]. Journal of International Economics, 2014, 94 (1) :18–32.

[42] Eaton J, Gersovitz M. Stiglitz J. The Pure Theory of Country Risk [J]. European Economic Review, 1986, 30:481–513.

[43] Alesina A, Tabellini G. A Positive Theory of Fiscal Deficits and Government Debt [J]. Review of Economic Studies, 1990, 57 (6) :403–414.

[44] Cuadra G, Sapriza H. Sovereign Default, Interest Rates and Political Uncertainty in Emerging Markets [J]. Journal of International Economics, 2008, 76 (1) :78–88.

[45] Tomz M, Wright M L J. Do countries default in "bad time" ? [J].Journal of the European Economic Association, 2007, 5:352–360.

[46] Tomz M, Wright M L J. Empirical Research on Sovereign Debt and Default [J]. Annual Review of Economics, 2013, 5 (1) :247–272.

[47] Candelon B, Palm F C. Banking and Debt Crises in Europe: The Dangerous Liaisons? [J]. Economist, 2010, 158:81–99.

[48] Chellaney B. China' s Debt–Trap Diplomacy [J/OL]. Project Syndicate, 2017. Access on: https://www.project-syndicate.org/commentary/china-one-belt-one-road-loans-debt-by-brahma-chellaney-2017-01.

[49] Parker S, Chefitz G. China' s Debtbook Diplomacy: How China Is Turning Bad Loans into Strategic Investments [J/OL]. The Diplomat, 2018. Access on: https://thediplomat.com/2018/06/chinas-debtbook-diplomacy-how-china-is-turning-bad-loans-into-strategic-investments/.

[50] Parker S, Chefitz G. Debtbook Diplomacy: China' s Strategic Leveraging of Its Newfound Economic Influence and the Consequences for U.S [M]. Foreign Policy. Cambridge,MA: Harvard Kennedy School, 2018, Working Paper.

[51] Hurley J, Morris S, Portelance G. Examining the Debt Implications of the Belt and Road Initiative from a Policy Perspective [J]. Center for Global Development, 2018（3）.

[52] Niambi N T. China in Africa: Debtbook Diplomacy? [J]. Open Journal of Political Science，2019（9）: 220–242.

[53] Cheng L K. Three questions on China' s “Belt and Road Initiative” [J]. China Economic Review, 2016, 40（9）: 309–313.

[54] Donnelly L. Africa' s Debt to China is Complicated [N]. Mail & Guardian Online, 2018.

[55] Eom J, Brautigam D, Benabdallah L. The Path Ahead: The 7th Forum on China–Africa Cooperation [R]. SAIS–China–Africa Research Initiative, Briefing Paper,2018（1）. Access on: https://mg.co.za/article/2018-09-14-00-africas-debt-to-china-is-complicated.

[56] 金刚，沈坤荣. 中国企业对“一带一路”沿线国家的交通投资效应：发展效应还是债务陷阱 [J]. 中国工业经济，2019（9）:79–97.

[57] 权衡. 经济全球化的实践困境与“一带一路”建设的新引擎 [J]. 世界经济研究，2017（12）:3–8.

[58] 周毅. 中国企业文化要素与绩效关系研究 [D]. 广州：暨南大学，2007.

[59] Clark T. Art and propaganda in the twentieth century: the political image in the age of mass culture [M]. New York，NY: Harry N. Abrams, 1997.

[60] Hofstede G. Dimensionalizing cultures: The Hofstede model in context [J]. Online readings in psychology and culture, 2011, 2（1）: 8.

[61] Triandis H.C. The psychological measurement of cultural syndromes [J]. American psychologist, 1996, 51（4）: 407.

[62] Minkov M , Hofstede G . Is National Culture a Meaningful Concept?: Cultural Values

Delineate Homogeneous National Clusters of In–Country Regions [J]. Cross–Cultural Research, 2011, 46 (2) :133–159.

[63] Parker, P. M. National cultures of the world: A statistical reference [M]. Westport, CT: Greenwood. 1997.

[64] Inglehart R, Baker W E. Modernization, cultural change, and the persistence of traditional values [J]. American Sociological Review, 2000, 65 (1) , 19–51.

[65] Smith, P. B.. Nations, cultures and individuals: New perspectives and old dilemmas [J]. Journal of Cross–Cultural Psychology, 2004, 35 (1) , 6–12.

[66] Schwartz S.H. Universals in the content and structure of values: Theoretical advances and empirical tests in 20 countries [M]. In: M. Zanna (Ed.) , Advance in Experimental Social Psychology. Orlando, FL: Academic Press. 1992,25:1–65.

[67] Schwartz S.H. Are there universal aspects in the structure and contents of human values? [J] Journal of Social Issues. 1994, 50:19–45.

[68] 德尔・霍金斯,戴维・马瑟斯博著,符国群,吴振阳等译. 消费者行为学 [M].北京:机械工业出版社 , 2013.

[69] Hofstede G, Hofstede G J, Minkov M. Cultures and Organizations: Software of the Mind[M]. Revised and Expanded 3rd Edition. New York: McGraw–Hill USA, 2010.

[70] Hofstede G, Minkov M. Long–versus Short–term Orientation: New Perspectives [J] , Asia Pacific Business Review, 2010, 16 (4) :493–504.

[71] Hofstede G. Culture' s Consequences: Comparing Values, Behaviors, Institutions, and Organizations across Nations [M]. New York: Sage. 2001.

[72] Gorodnichenko Y, Roland G. Which Dimensions of Culture Matter for Long–Run Growth? [J]. American Economic Review, 2011, 101 (3) :492–498.

[73] Mourouzidou–Damtsa S, Milidonis A, Stathopoulos K. National Culture and Bank Risk–Taking [J/OL]. Journal of Financial Stability, 2017, http://dx.doi.org/10.1016/j.jfs.2017.08.007.

[74] Lim C Y, Kiridaran K, Gerald J. Effects of National Culture on Earnings Quality of Banks [J]. Journal of International Business Studies, 2011, 42 (6) :853–874.

[75] Kristjansdottir H, Gudlaugsson T O, Gudmundsdottir S, et al. Hofstede National Culture and International Trade [J]. Applied Economics, 2017, 49 (55) 5792–5801.

[76] Fidrmuc J P, Jacob M. Culture, agency costs, and dividends [J]. Journal of Comparative Economics, 2010, 38:321 – 339.

[77] Wang D, Esqueda O A. National Cultural Effects on Leverage Decisions: Evidence from Emerging–market ADRs [J]. Research in International Business and Finance, 2014, 31:152–177.

[78] Boubakri N, Mirzaei A, Samet A. National Culture and Bank Performance: Evidence from the Recent Financial Crisis [J]. Journal of Financial Stability, 2017, 29:36–56.

[79] Weber M. The Protestant Ethic and the Spirit of Capitalism [M] ,London:Allen and Unwin,1930.

[80] Guiso L,Sapienza P,Zingales L,People's Opium ? Religion and Economic Attitudes [J] ,Journal of Monetary Economics, 2003, 50 (1) :225–282.

[81] Porter B E, Steen T P. Investing in Stocks: Three Models of Faith Integration [J]. Managerial Finance, 2006, 32 (10) :812–821.

[82] 陈震红 , Wang S J, 董俊武 . 民间信仰影响战略决策吗? ——基于超自然信念及中国企业高管的两层面研究 [J]. 管理世界 ,2014 (7) :119–133.

[83] 陈冬华 , 胡晓莉 , 梁上坤 . 宗教传统与公司治理 [J]. 经济研究 ,2013 (9) :71–84.

[84] Mankiw N, Romer D, Weil D. A Contribution to the Empirics of Economic Growth [J]. Quarterly Journal of Economics, 1992, 107 (2) :407–437.

[85] Montalvo J G, Reynal–Querol M. Religious Polarization and Economic Development [J]. Economics Letters, 2003, 80 (2) :201–210.

[86] Alesina A, Zhuravskaya E. Segregation and the Quality of Government in a Cross Section of Countries [J]. American Economic Review, 2011, 101 (5) :1872–1911.

[87] Ying Z, Liu S, Bao S, et al. Religious Diversity and Regional Development in China [J]. China Economic Review, 2017, 46:1–9.

[88] 蒙剑 , 马涛 . 激励兼容失灵与欧美主权债务危机 [J]. 管理世界 ,2011(9) :174–175.

[89] Schoon N, Nuri J. Comparative Financial Systems in Judaism, Christianity and Islam: The Case of Interest [J]. Working Paper, University of Surrey, United Kingdom, 2012.

[90] 巴曙松 , 刘先丰 , 崔峥 . 伊斯兰金融体系形成的市场基础与金融特性研究 [J]. 金融理论与实践 ,2009 (06) :22–26.

[91] B é nabou R, Tirole J. Belief in a Just World and Redistributive Politics [J]. Quarterly Journal of Economics, 2006, 121 (2) :699–746.

[92] Kumar A，Page J K，Spalt O G. Religious Beliefs，Gambling Attitudes，and Financial Market Outcomes [J]. Journal of Financial Economics, 2011, 102 (3) :671–708.

[93] Benjamin D J, Choi J J, Fisher G. Religious Identity and Economic Behavior [J]. Review of Economics and Statistics, 2016, 98 (4) :617–637.

[94] Alesina A, Harnoss J, Rapoport H. Birthplace Diversity and Economic Prosperity [J]. Journal of Economic Growth, 2016, 21 (2) :101–138.

[95] Fishman J. Some Contrasts between Linguistically Homogeneous and Linguistically Heterogeneous Polities [J]. Sociological Inquiry, 1966, 36 (2) :146–158.

[96] Pool J. National Development And Language Diversity [M]. Selected Studies and

Applications, Chicago:The University of Chicago Press,1972:213–230.

[97] Sreekumar P. Development with Diversity: Political Philosophy of Language Endangerment in South Asia [J]. Economic & Political Weekly, 2014,1:51–57.

[98] GinsburghV, Ignacio O, Shlomo W. Learning Foreign Languages: Theoretical and Empirical Implications of the Selten and Pool Model [J]. Journal of Economic Behavior and Organization, 2007, 64 (3) :337–347.

[99] Pym A. How Many Languages Do We Need? The Economics of Linguistic Diversity [J]. 2015, 27 (2) :306–312.

[100] Liu A H, Pizzi E. The Language of Economic Growth: A New Measure of Linguistic Heterogeneity [J]. British Journal of Political Science, 2016:1–28.

[101] Chen M K. The Effect of Language on Economic Behavior: Evidence from Savings Rates, Health Behaviors, and Retirement Assets [J]. American Economic Review, 2013, 103 (2) :690–731.

[102] Chen S, Cronqvist H, Ni S. Languages and corporate savings behavior [J]. Journal of Corporate Finance, 2017, 46:320–341.

[103] Tomz M, Wright M. L. J. Interest, Information, and the Domestic Politics of International Agreements [J]. Unpublished manuscript, Stanford, 2004.

[104] Alesina A, Devleeschauwer A, Easterly W, et al. Fractionalization [J]. Journal of Economic Growth, 2003, 8 (2) :155–194.

[105] Dow D, Cuypers I R P, Ertug G. The Effects of within–Country Linguistic and Religious Diversity on Foreign Acquisitions [J]. Journal of International Business Studies, 2016, 47 (3) :319–346.

[106] Desmet K, Ortuño–Ort í n I, Wacziarg R. Linguistic Cleavages and Economic Development [M]. The Palgrave Handbook of Economics and Language, United Kingdom:Palgrave Macmillan, 2016.

[107] Aoyama R. "One Belt, One Road" : China's New Global Strategy [J]. Journal of Contemporary East Asia Studies, 2016, 5 (2) :3–22.

[108] Callahan W A. China's "Asia Dream" , The Belt Road Initiative and the New Regional order [J]. Asian Journal of Comparative Politics, 2016, 1 (3) :226–243.

[109] Huang Y, Fischer T B, Xu H. The Stakeholder Analysis for SEA of Chinese Foreign Direct Investment: The Case of "One Belt, One Road" Initiative in Pakistan [J]. Impact Assessment and Project Appraisal, 2017, 35 (2) :158–171.

[110] Wang Y. Offensive for Defensive: the Belt and Road Initiative and China's New Grand Strategy [J]. The Pacific Review, 2016, 29 (3) :455–463.

[111] Yu H. Motivation Behind China's "One Belt, One Road" Initiatives and Establishment of

the Asian Infrastructure Investment Bank [J]. Journal of Contemporary China, 2017,26 (105) :353–368.

[112] 何一民，关浩淳. 全球视野下陆海经济时代与“一带一路”倡议 [J]. 财经科学，2018 (3) :29–41.

[113] 金碚. 论经济全球化 3.0 时代——兼论“一带一路”的互通观念 [J]. 中国工业经济，2016 (1) : 5–20.

[114] Casarini N. Is Europe to Benefit from China's Belt and Road Initiative [J]. Istituto Affari Internazionali, 2015 (15) :40.

[115] 陈健，龚晓莺. “一带一路”战略开启具有“人类命运共同体”意识的全球化发展的新时代 [J]. 经济学家，2017 (7) :73–79.

[116] 倪中新，卢星，薛文骏. “一带一路”战略能够化解我国过剩的钢铁产能吗——基于时变参数向量自回归模型平均的预测 [J]. 国际贸易问题，2016 (3) :161–174.

[117] Aguiar M, Amador M. Sovereign debt, Handbook of international economics [M] ,in E. H. Gita Gopinath and Kenneth R. eds, 2014.

[118] Bulow J, Rogoff K. A Constant Recontracting Model of Sovereign Debt [J]. Journal of Political Economy, 1989, 97:155–178.

[119] Kohlscheen E, O'Connell S A. A Sovereign Debt Model with Trade Credit and Reserves [J]. Unpublished Paper, University of Warwick, 2007.

[120] Edwards S. Openness, Productivity and Growth: What Do We Really Know? [J]. Economic Journal, 1998, 108 (3) :383–398.

[121] Silajdzic S, Mehic E. Absorptive Capabilities, FDI, and Economic Growth in Transition Economies [J]. Emerging Markets Finance & Trade, 2016 (4) :904–922.

[122] Chenery H B. Foreign Assistance and Economic Development [J]. American Economic Review, 1968, 58 (4) :912–916.

[123] 刘晓光，刘元春. 杠杆率重估与债务风险再探讨 [J]. 金融研究，2018,458 (8) :37–54.

[124] Lucas R E J. On The Mechanics of Economic Development [J]. Journal of Monetary Economics, 1989, 22 (1) :3–42.

[125] Storeygard A. Farther on down the Road: Transport Costs, Trade and Urban Growth in Sub–Saharan Africa [J]. Review of Economic Studies, 2016 (83) :1263–1295.

[126] Shaw A S. Financial Deepening in Economic Development [M] , Oxford University Press, 1973.

[127] Beck T, Levine R. Stock markets, banks, and growth: Panel evidence [J]. Journal of Banking and Finance, 2004, 28 (3) :423–442.

[128] Wu J L, Hou H, Cheng S Y. The dynamic impacts of financial institutions on economic

growth: Evidence from the European Union [J]. Journal of Macroeconomics, 2010, 32 (3) :879–891.

[129] 王永钦，陈映辉，杜巨澜. 软预算约束与中国地方政府债务违约风险：来自金融市场的证据 [J]. 经济研究 ,2016,11:96–109.

[130] Levine R. Finance and Growth: Theory and Evidence [M]. in P. Aghion and S. Durlauf (Eds.) , Handbook of Economic Growth, 2006: 865–934.

[131] Hall R E. Fiscal stability of high–debt nations under volatile ecnonomic conditions [J]. German Economic Review, 2014, 15 (1) :4–22.

[132] 庞晓波，李丹，中国经济景气变化与政府债务风险 [J]. 经济研究 ,2015,10:18–33.

[133] Allen, F., Gale, D. Financial markets, intermediaries, and intertemporal smoothing [J]. Journal of Political Economy, 1997, 105, 523 – 546.

[134] Gennaioli N, Martin A, Rossi S. Sovereign Default, Domestic Banks, and Financial Institutions [J]. The Journal of Finance, 2014, 69 (2) :819–866.

[135] Kim D H, Lin S C, Chen T C. Financial Structure, Firm Size and Industry Growth [J]. International Review of Economics & Finance, 2016, 41:23–39.

[136] Kaminski G L, Reinhart C M, The Twin Crises: The Causes of Banking and Balance–of–Payments Problems [J]. American Economic Review, 1999, 89 (3) :473–500.

[137] Yeh C C, Huang H C, Lin P C. Financial Structure on Growth and Volatility [J]. Economic Modelling, 2013, 35 (5) :391–400.

[138] 彭俞超. 金融功能观视角下的金融结构与经济增长——来自 1989 ~ 2011 年的国际经验 [J]. 金融研究，2015 (1) :32–49.

[139] 刘晓光，苟琴，姜天予. 金融结构、经济波动与经济增长——基于最优产业配置框架的分析 [J]. 管理世界，2019, 35 (5) :29–43.

[140] 龚强，张一林，林毅夫. 产业结构、风险特性与最优金融结构 [J]，经济研究，2014, 49 (4) :4–16.

[141] 张成思，刘贯春. 最优金融结构的存在性、动态特征及经济增长效应 [J]. 管理世界，2016,1:66–77.

[142] 曹伟，万谍，金朝辉，钱水土等. "一带一路" 背景下人民币汇率变动的进口价格传递效应研究 [J]. 经济研究，2019, 6:136–150.

[143] Busse M, Nunnenkamp J K. FDI Promotion through Bilateral Investment Treaties: More than a Bit? [J]. Review of World Economics, 2010, 146 (1) :147–177.

[144] Desbordes R, Vicard V. Foreign Direct Investment and Bilateral Investment Treaties: An International Political Perspective [J]. Journal of Comparative Economics, 2009, 37 (3) :300–386.

[145] Neumayer E, Spess L. Do bilateral investment treaties increase foreign direct investment

to developing countries? [J]. International Finance, 2005, 33 (10) :1567–1585.

[146] Luintel K B, Khan M, Arestis P, et al. Financial structure and economic growth [J]. Journal of Development Economics, 2008, 86 (1) :181–200.

[147] Elgin C, Uras B R. Public Debt, National Default Risk and Shadow Economy [J]. Journal of Financial Stability, 2013, 9 (4) :628–640.

[148] 孙琳，陈舒敏. 债务风险、财政透明度和记账基础选择——基于国际经验的数据分析 [J]. 管理世界 ,2015 (10) :132–143.

[149] Kalliomaki M. Determinants of National Defaults [D]. University of Lund, 2012.

[150] Lemmen J, Goodhart C. Credit Risks and European Government Bond Markets: A Panel Data Econometric Analysis [J]. Eastern Economic Journal, 1999, 25:77–107.

[151] Citron J T, Nickelsburg G. Country Risk and Political Instability [J]. Journal of Development Economics, 1987, 25 (2) :385–392.

[152] Ashenflter O. Estimating the effect of training programs on earnings [J]. The Review of Economics and Statistics. 1978, 60 (1) : 47–57.

[153] 陈林，伍海军. 国内双重差分法的研究现状与潜在问题 [J]，数量经济技术经济研究，2015, 32 (7) :133–148.

[154] Hayes A. F.,Scharkow M. The relative trust worthiness of inferential tests of the indirect effect in statistical mediation analysis: Does method really matter? [J]. Psychological Science, 2013 (24) :1918–1927.

[155] Baron R M, Kenny D A. The moderator–mediator variable distinction in social psychological research: Conceptual, strategic, and statistical considerations [J]. Journal of Personality and Social Psychology, 1986 (51) :1173 – 1182.

[156] Edwards J R, Lambert L S. Methods for integrating moderation and mediation: A general analytical framework using moderated path analysis [J]. Psychological Methods, 2007 (12) :1 – 22.

[157] Hayes F. beyond Baron and Kenny: Statistical mediation analysis in the new millennium [J]. Communication Monographs, 2009 (76) :408 – 420.

[158] Spencer S J, Zanna M P, Fong G T. Establishing a causal chain: Why experiments are often more effective than mediational analyses in examining psychological processes [J]. Journal of Personality and Social Psychology, 2005, 89:845 – 851.

[159] Zhao X, Lynch J, Chen Q. Reconsidering Baron and Kenny: Myths and truths about mediation analysis [J]. Journal of Consumer Research, 2010, 37:197 – 206.

[160] 温忠麟，叶宝娟. 中介效应分析：方法和模型发展 [J]. 心理科学进展 ,2014,22 (5) :731–745.

[161] Eissa N, Liebman J B. Labor supply response to the earned income tax credit [J]. The

Quaterly Journal of Economics. 1996, 111（2）:605–637.
[162] Alesina A, Giuliano P. Culture and Institutions [J]. Journal of Economic Literature, 2015, 53（4）:898–944.
[163] Guiso L, Sapienza P, Zingales L. Cultural Biases in Economic Exchange? [J]. The Quarterly Journal of Economics, 2009, 124（3）:1095–1131.
[164] Gleason K C, Mathur L K, Mathur I. The Interrelationship between Culture, Capital Structure and Performance: Evidence from European Retailers [J]. Journal of Business Research, 2000, 50:185–191.
[165] Sekely W S, Collins J M. Cultural Influences on International Capital Structure [J]. Journal of International Business Studies, 1988, 19（1）:87–100.
[166] Chui A C W, Kwok C C Y, Zhouc G. National Culture and the Cost of Debt [J]. Journal of Banking & Finance, 2016, 69:1–15.
[167] Berg A, Sachs J. The Debt Crisis Structural Explanations of Country Performance [J]. Journal of Development Economics, 1988, 29（3）:271–306.
[168] 阮荣平，郑风田，刘力. 信仰的力量：宗教有利于创业吗？[J]. 经济研究，2014, 49（03）: 171–184.
[169] Triandis H C. Culture and Conflict [J]. International Journal of Psychology, 2000, 35（2）:145–152.
[170] Fearon J, Laitin D. Ethnicity, Insurgency, and Civil War [J]. The American Political Science Review, 2003, 97（1）:75–90.
[171] Esteban J, Mayoral L, Ray D. Ethnicity and Conflict: An Empirical Study [J]. The American economic review, 2012, 102（4）:1310–1342.
[172] Alesina A, Glaeser E, Sacerdote B. Why Doesn't The US Have a European–Style Welfare State? [J]. Harvard Institute of Economic Research Working Papers, 2001, 2:187–254.
[173] Alesina A, Glaeser E. Fighting Poverty in the US and Europe: A World of Difference[M]. Oxford: Oxford University Press, 2004.
[174] Dahlberg M, Edmark K, Lundqvist H. Ethnic Diversity and Preferences for Redistribution [J]. Journal of Political Economy, 2012, 120（1）:41–76.
[175] Habyarimana J, Humphreys M, Posner D, Weinstein J. Why Does Ethnic Diversity Undermine Public Goods Provision? An Experimental Approach [J]. American Political Science Review, 2006, 101（4）:709–725.
[176] La P R, Lopez–De–Silanes F,Shleifer A,Vishny R. The Quality of Government [J]. Journal of Law Economics and Organization, 1999, 15（1）:222–279.
[177] Easterly W, Levine R. Africa's Growth Tragedy: Policies and Ethnic Divisions [J]. Quarterly Journal of Economics, 1996,112:1203–1250.

[178] Mahajan G. Indian Exceptionalism or Indian Model: Negotiating Cultural Diversity and Minority Rights in a Democratic Nation-State [M], Multiculturalism in Asia, Oxford University Press, 2005.

[179] 王辉. "一带一路"国家语言状况与语言政策（第一卷）[M]. 社会科学文献出版社，2015.

[180] Gray R. D., Atkinson Q. D. Language-tree divergence times support the Anatolian theory of Indo-European origin [J]. Nature, 2003, 426:435–439.

[181] Shane S A, Venkataraman S. Renegade and Rational Championing Strategies [J]. Organization Studies, 1996, 17（5）:751– 777.

[182] Acharya V V, Rajan R G . Sovereign Debt, Government Myopia, and the Financial Sector [J]. The Review of Financial Studies 2013, 26（6）: 1526–1560.

[183] Frijns B, Gilbert A, Lehnert T. Uncertainty Avoidance, Risk Tolerance and Corporate Takeover Decisions [J]. Journal of Banking & Finance, 2013,37（7）:2457–2471.

[184] Bontempo R N, Bottom W P, Weber E U. Cross-Cultural Differences in Risk Perception: A Model-Based Approach [J]. Risk Analysis, 1997, 17（4）: 479–488.

[185] Kwok C C Y, Tadesse S. National Culture and Financial Systems [J]. Journal of International Business Studies, 2006, 37（2）:227–247.

[186] Franke R H. Worker Productivity at Hawthorne, American Sociological Review[J] ,1980, 45:1006–1027.

[187] Coser L. Social Conflict and the Theory of Social Change [J]. British Journal of Sociology, 1957, 8（3）:197–207.

[188] Montalvo J G, Reynal-Querol M. Ethnic Polarization, Potential Conflict, and Civil Wars [J]. American Economic Review, 2005a, 95（3）:796–816.

[189] Montalvo J G, Reynal-Querol M. Ethnic Diversity and Economic Development [J]. Journal of Development Economics, 2005b, 76（2）:293–323.

[190] Taylor C, Hudson M C. The World Handbook of Political and Social Indicators [M]. New Haven, Yale University Press, 1972.

[191] Barret D. The World Christian Encyclopedia [M]. Oxford University Press, 1982.

[192] Tavares J, Wacziarg R. How Democracy Affects Growth [J]. European Economic Review, 2001, 45（8）:1341–1378.

[193] Hogg M. A., Mullin B. A. Joining groups to reduce uncertainty: Subjective uncertainty reduction and group identification [M]. Social Identity and Social Cognition, Oxford, UK: Blackwell, 1999:249–279.

[194] Parcel T. L. Differentiation Between Social Groups: Studies in the Social Psychology of Intergroup Relations [J]. American Journal of Sociology, 1981, 86（5）:1193–1194.

[195] 王辉,王亚蓝."一带一路"沿线国家语言状况 [J]. 语言战略研究,2016,1 (2) :13-19.

[196] Coleman M. Trust: The Basis of Capitalism [J]. Studies:An Irish Quarterly Review,1997, 86 (342) :156-164.

[197] Macrae C. Trust: The Social Virtues and the Creation of Prosperity [J]. Journal of Brand Management, 2000, 7 (4) :309-309.

[198] Fukuyama F. Social Capital, Civil Society and Development [J]. Third World Quarterly, 2001, 22 (1) :17-20.

[199] Berkowitz L, Sherif M. In Common Predicament: Social Psychology of Intergroup Conflict and Cooperation [M]. Houghton Mifflin, New York, 1967:333-334.

[200] Taylor C, Hudson M C. The World Handbook of Political and Social Indicators [M]. New Haven, Yale University Press, 1972.